胡阿祥

著

正名中国

胡阿祥说国号

中华书局

图书在版编目(CIP)数据

正名中国:胡阿祥说国号/胡阿祥著.—北京:中华书局,
2013.1
ISBN 978 - 7 - 101 - 08917 - 2

Ⅰ.正… Ⅱ.胡… Ⅲ.国号 – 中国 – 通俗读物
Ⅳ.D691.2 – 49

中国版本图书馆 CIP 数据核字(2012)第 218232 号

书 名	正名中国:胡阿祥说国号	
著 者	胡阿祥	
责任编辑	陈 虎	
出版发行	中华书局	
	(北京市丰台区太平桥西里 38 号 100073)	
	http://www.zhbc.com.cn	
	E-mail:zhbc@zhbc.com.cn	
印 刷	北京瑞古冠中印刷厂	
版 次	2013 年 1 月北京第 1 版	
	2013 年 1 月北京第 1 次印刷	
规 格	开本/700 × 1000 毫米 1/16	
	印张 16 插页 2 字数 150 千字	
印 数	1 – 20000 册	
国际书号	ISBN 978 - 7 - 101 - 08917 - 2	
定 价	29.00 元	

目录

第一讲　揭秘国号，解析历史 ············· *1*
何为国号/*3*　充满魅力的国号话
题/*5*　十四个统一王朝国号/*10*
名实互证：国号与王朝/*15*

第二讲　夏：以蝉为号 ················· *19*
中国的"创世纪"/*21*　从禅让制
到世袭制/*23*　形似与义合/*25*
居高声自远/*27*　广泛而深远的
影响/*31*

第三讲　商：由凡鸟到神鸟 ············· *35*
"人吞商史"/*37*　纠葛不清的殷与
商/*40*　天命玄鸟，降而生商/*42*
族名与国号/*45*　隐性传承与精
神之鸟/*47*

第四讲　周：民以食为天 ··············· *51*
备受称道的周朝/*53*　种植庄稼，
糊口养命/*56*　天才农艺师/*57*
从族名到天下之号/*60*　重农的
特征/*64*

第五讲　秦：马倌的传奇 ··············· *67*
将近三千年的秦史/*69*　喂马的

草料/72　天子的马倌/74　从
马倌到皇帝/76　"马上"与"马
下"的启示/79

第六讲　汉:愤怒中的安慰 …………… 83
三句豪言壮语,一首大风歌/85
两次违约及其结果/87　多重安
慰/91　永久的荣光/95

第七讲　新:始作俑者,其多后也 …… 101
迷信不能诠释历史/103　道德
的楷模和化身/106　新皇帝的
新名号与新政/110　王莽的成
与败/113

第八讲　晋:隐秘的"司马昭之心" …… 117
腐败与虚伪的西晋/119　全本
禅让大戏/122　表层的显相:由
晋公到晋帝/126　里层的隐相:
代汉者当涂高/128

第九讲　隋:吉祥还是晦气? ………… 133
恶名掩盖下的卓著功业/135
打虎将随国公杨忠/138　杨坚
的长相与性格/140　改随为隋:
当事人的考虑/142　改随为隋:
议论者的嘲讽/144

第十讲　唐:神尧皇帝开创的伟大王朝 … 149
令人自豪与痛惜的时代/151　"平
庸"的英雄/154　擒豹将唐国公李

虎/157　神尧皇帝李渊/159　圣
王美号/161

第十一讲　周:女皇的情结与难题 …… 165
值得细说的女人/167　浓重
的名号情结/170　从唐到周:
两层原因/174　从周到唐:一
世而斩/176

第十二讲　宋:附会出来的完美 ……… 181
悲喜交加的"斯文"/183　草
台班子的胡闹/187　巧合与
附会/189　火宋与火德/192

第十三讲　大元:蒙古人也爱"八卦"? … 195
金戈铁马与男耕女织/197
大元的"大"/199　大元的
"元"/204　大哉乾元/206

第十四讲　大明:一石三鸟……………… 211
宸衷独断与"恢复中华"/213
大明与明教/216　"白莲"中
走出耀眼的"明王"/217　武
将、文臣与百姓/221

第十五讲　大清:化被动为主动 ……… 227
精神的力量/229　英明汗的
"金"/231　天聪汗的"大清"/234
总结与引申/240

后　记　……………………………… 245

第一讲

揭秘国号，解析历史

秦始皇帝东巡雕塑（现代）

何为国号

　　人有姓名,国有国号。什么是国号? 国号,顾名思义就是国家的称号,有国家就有国号。这国号里有什么奥秘吗? 奥秘多着呢! 就以我们最熟悉的"中华人民共和国"国号为例,起码就有三个方面值得我们细说。

　　一是产生过程。中华人民共和国国号的宣布时间,是 1949 年 10 月 1 日。但是大家知道吗,在 1949 年 6 月 15 日于北平开幕的新政协筹备会第一次全体会议上,毛泽东主席喊出的口号是"中华人民民主共和国万岁"。6 月 19 日,新政协筹备会常委会第四小组讨论时,清华大学教授张奚若提出"人民"与"民主"两词有重复之嫌,新国号以称"中华人民共和国"为好。到了 9 月 26 日中国人民政治协商会议第一次全体会议期间,又专门讨论过"中华人民共和国"是否适合简称"中华民国"的话题。9 月 27 日,政协一届全会通过决议案,确定"中华人民共和国"为新中国国号，改北平为北京并定为国都，采用公元纪年，以《义勇军进行曲》为国歌，以红地五星旗为国旗。

二是语词结构。分析"中华人民共和国"国号，"中华"是专名，相当于姓名中的名，这是我们国家独有的；"国"是通名，相当于姓名中的姓，这是世界上各个国家共有的；而"人民共和"是"国"的修饰成分，说明了我们国家的性质，它不是王国，比如挪威、丹麦、瑞典王国；不是联邦共和国，比如德意志联邦共和国；也不是合众国，比如美利坚合众国，它是人民共和国。

三是专名含义。中华人民共和国国号中的"中华"，指的是中华民族、中国人民，这是毋庸置疑的；但是如果追根溯源，一探究竟，那就非常复杂了。"中华"等于"中国"加"华夏"。中国这个称呼，至少已有三千多年的历史了。最初，"中"字是指旗帜，首领要发布命令了，就在高处竖起一面大旗，人们从四面八方赶过来，围绕在旗帜的周围，接受命令；然后中就演变出相对于四方的中央、相对于左右的中间等意思。"国"呢？国最初的写法是"或"，是指一个人扛着"戈"这种武器保卫城池。最早的"中国"指今天的洛阳一带，"中国"就是中间城池的意思。但是注意了，在1912年中华民国成立、并以"中国"作为正式简称之前，中国古代并没有"中国"这个国号，那时的国号叫夏、商、周，叫隋、唐、宋，"中国"的称呼或者是多变的地理概念，或者是模糊的文化概念，又或者是复杂的民族概念。再说"华夏"。华夏就是像花一样美丽、文化繁荣灿烂的夏，华就是花；那么夏呢？夏是四千多年前出现的、中国历史上第一个世袭制国家的国号，这个国号来源于一种昆虫。什么昆虫？蝉，就是我们习称的知了。

为什么要以知了作为国号呢？这个问题就复杂了，我们以后再说。

以上我们仅仅简单说了一下"中华人民共和国"国号，就涉及到了这么多既有学问，也很有趣的方面，又是政协会议，又是专名通名，又是旗帜与武器，又是城池与洛阳，又是花，又是蝉，又是夏国号，这就是国号话题的魅力吧！

充满魅力的国号话题

这么有魅力的国号话题，当然值得我们细说。然而现实的情况却是，"国号"的推源释义，平常很少引起人们的注意。这又是一个有趣的社会现象了。为什么会有这样的社会现象呢？

大约一千九百多年前，有位叫刘熙的学者，专门写了一本解释名称的著作《释名》，在《释名》的自序中，他说："名之于实，各有义类，百姓日称而不知其所以之义。"这句话的意思是，名称是为了表达意思与指代类别的，如有人名、有地名、有各种各样的物质名称，这些名称，我们时时在用，处处可见，但也许是太习以为常了，人们反而很少去关心它们的"所以之义"，也就是为什么要起这样的名称，这名称到底是什么意思？

也许，我们可以不关心各种各样的名称，只要知道这些名称指的是什么东西，只要不影响我们的生活，也就可以了。但是有两类名称，还是应该作深入一些的了解，一是属于我们自己的姓名，二是属于我们国家的国号。

先说姓名。谁没有姓名？姓也许是难以选择的，名却为每个人独自拥有,怎么起个好名,不能说不重要,因为名伴随着人的一生,而且起着相当明显的心理暗示作用,所以事关重大。如现在社会上有些人起名,真是非常讲究,什么四柱、五格、八卦,什么五行生克、十二生肖,都希望考虑到。这样,取名字就成了一门具有神秘色彩的"学问"了。还有人起名喜欢玩味道、玩个性,如有的父母找些生僻字给孩子起名,重名是少了,但别人不认识,这势必影响孩子的前途;有的父母都是单姓,却给孩子起个四字的姓名,如"华夏阳光",这很好听,但是不符合社会习惯;也有的父母不知出于何种心理,竟然起出"乐乐乐"这样的姓名,怎么读呢?至于没有考虑到谐音问题,起出"史珍香"、"朱长子"、"胡丽晶"这样的姓名,就更让人哭笑不得了。

再说国号。相对而言,国号比姓名更加重要。姓名毕竟是属于个人的,国号则属于国家,国号是国家这个地域范围里全体国民共同拥有的名字。当我们面对外国人的时候,"中国人"就是我们最鲜明的身份标志;当我们缅怀祖先的时候,夏商周、秦汉唐、元明清,就是我们祖先最鲜明的身份标志。而按照中国人"国为大家,家为小国"的国家观念,我们既应该知道我们各自姓氏的源流、各自家族的历史、各自父母的姓名,以及自己名字的来龙去脉,也应该知道我们国家的国号,不仅现在的国号,而且从前的国号,不仅知其然,而且要知其所以然。

问题在于,我们真的知道我们国家古往今来的国号吗?还真不一定。

第一,中国历史上出现过多少国号?我们很难说得清。

现在世界上有多少国家?说不清。其中得到国际社会普遍承认的主权国家,大约有二百个左右,那么就起码有二百个左右正在使用的国号。这些国家过去曾经有过多少国号？不知道。仅以朝鲜半岛来说,古代就有新罗、百济、高丽等等不同的国号。

我们国家历史悠久,民族众多,地域广大。在"历史中国",也就是今天的中国加上巴尔喀什湖和帕米尔高原以东、蒙古高原和外兴安岭以南的地域范围内,各方势力所建立的国家、所确定的国号,实在是纷繁复杂、难以胜数。如有统一王朝的国号,有分裂王朝的国号,有割据政权、边区政权、自治政权、地方政权、傀儡政权的国号,还有诸侯国、藩属国的国号,以及数不尽的农民起义、兵士起义、宗教徒起义、宗室反叛、权臣反叛、军阀反叛等等建立的国号。即便不考虑文献缺载的情况,也不算传说时代的"三皇五帝",只从四千多年前中国历史上第一个可信国号夏算起,中国历史上见于文献记载的国号,究竟有多少个？至今也没有人做过精确的统计。

第二,中国历史上哪些是国号、哪些不是国号？我们也不一定能说得清。

按照一般的理解,我们如数家珍的朝代就等同于国号。朝代是指建立这个国号的帝王家族的统治时代,国号是指这个帝王家族统治时代的国家称号。如秦朝、汉朝、隋朝、唐朝,秦、汉、隋、唐就是国号。中国历史上不断地改朝换代,也就不断地出现新的国号。因为朝代很多,国号也很多,为了方便记忆,于是人们编了许多《朝代歌》。其实,这《朝代歌》并不等于国号歌。我们选一首流传很广的《朝代歌》看看：

> 夏商与西周，东周分两段。
>
> 春秋与战国，一统秦两汉。
>
> 三分魏蜀吴，两晋前后延。
>
> 南北朝并立，隋唐五代传。
>
> 宋元明清后，皇朝至此完。

这首歌里，各种概念混用，问题实在不少：

一是统称。春秋、战国、南北朝、五代，是对一段时代或者一批国家的统称，既不是朝代，也不是国号。

二是习称。西周、东周，是后人的习惯称呼，因为都城分别在今天的西安、洛阳，一在西、一在东，所以习称西周、东周，其实这是一个连续的朝代，国号就叫周，周既是朝代，也是国号。当然，作为朝代的周，周朝大概八百年左右，而作为国号的周，时间还要更长一些，超过九百年，经历了从商朝西部的邦属小国，到灭商以后天下共号的转变过程。

三是合称。两汉，指的是西汉与东汉，或前汉与后汉；两晋，指的是西晋与东晋，这西、东、前、后四字，都是后人加上去的，国号本来就叫汉、叫晋。

四是简称。元、明、清，其实是大元、大明、大清国号的简称。

五是误称。"三分魏蜀吴"这句，我们知道，说的是三国。哪三国？魏、蜀、吴。其实这是错误的，正确答案是魏、汉、吴。刘备建立的国家，国号是汉，不是蜀，蜀是他人对刘备以及刘禅政权的贬称。刘备不是自称汉皇叔吗？这是他最大的政治资本。他说曹操"挟天子以令诸侯"，骂曹操是"汉贼",所以曹丕前脚篡了汉献帝刘协的皇位,后脚刘备就做了汉皇帝。只是非常"杯具"的是,现在许多三国题材的电影、电视剧,连这个常识都搞错了,自始至终,刘备、刘禅军队打的旗子都是个大大的"蜀"字,如果汉帝刘备、汉相诸葛亮、汉将关羽身后有知,肯定会长歌当哭于九泉之下了!

六是漏称。这么首简单的《朝代歌》,是概括不了中国历史朝代的,仅以作为中国历史纪年使用的统一王朝来说,它就漏掉了王莽的新朝、武曌的周朝。

如此看来,中国历史上的朝代与国号,还真是复杂。我们平常所说所写的,往往是统称、习称、合称、简称,而不是真正"名从其主"的朝代与国号的本称、原型。我们甚至把耳熟能详的三国,错误地以为是魏、蜀、吴;至于王莽的新朝、武曌的周朝,更是被忽略不计了。诸如此类,实在是对不起古人。

第三,中国历史上的国号都是什么意思,我们肯定就更难说得清了。

在课堂上,我常常提问学生,在工作中,我也常常请教同事:启为什么用夏作为国号?刘邦为什么定国号为汉?时时接于目、闻于耳的唐、宋、元、明、清是什么意思?有趣而又不解的是,学生们往往哑口结舌,教授们也或者语焉不详。

怎么个语焉不详?如刘邦的汉国号,一般认为来自项羽封刘邦为汉王。为什么封汉王?一般又说是因为汉国的都城在汉中。其实这个问题没有解决,还有一系列的疑问需要解答:为什么叫汉中?因为汉水;为什么叫汉水?因为水流发出的声音。说到这一步应该差不多了吧?

还有相关的问题呢！如刘秀、刘备甚至匈奴人刘渊、氐人李寿、沙陀人刘知远等等，为什么国号也叫汉？汉国号又是怎么变成汉族称谓的？这样地"打破砂锅问到底"，我们可以一直问下去，而且越问越有味道。再如朱元璋为什么国号大明？社会上流行的说法是，朱元璋是武功高深的明教教主张无忌的大将，帮朱元璋打下江山的也都是明教中人，所以朱元璋国号明。其实这是不对的，大明国号的来源，是和宗教有关，但不是明教，而是佛教，在佛教里，阿弥陀佛又称为"诸佛光明之王"，简称"明王"，朱元璋自居为佛教的明王，所以确定国号为大明。

十四个统一王朝国号

面对中国历史上这么有趣、这么众多、这么复杂的国号，我们不可能"一百单八将"，全部说个遍。我们只能选说其中的一些国号，再选说这些国号的部分内容。

首先，我们选说哪些国号？

我们选说中国历史上传统史学所认为的统一王朝国号。这样的国号不多，只有十四个，即夏、商、周、秦、汉、新、晋、隋、唐、周（武曌的周）、宋、大元、大明、大清。

为什么选说这些国号？因为这些国号是中国历史上最具典型的国号与代表国号，它们所指代的国家，地位远比其他国号所指代的国家要高。这些统一王朝的国号，影响也比分裂王朝、割据政权等等的国号显得广泛与持久。当然，更加重要的是，统一王朝的国号，以及统一王朝灭亡后仍被视为正统王朝的国号（如"西晋"灭亡后的"东晋"，"北宋"灭亡后的"南宋"），既是中国传统史学纪年的依据，也可以作为中国在相应历史时期的代称。比如说，从265年到420年的中国，可以称为"晋"；从960年到1279年的中国，可以称为"宋"；从1368年到1644年的中国，可以称为"大明"；从1644年到1911年的中国，可以称为"大清"。算起来，"上下五千年"的中国文明史，以这十四个国号作为代称的时间，竟有三千三百多年。如果把中国比作一位令人尊敬的老人，那么，这位已经五千岁的老人，在三千三百多年的时间里，就先后叫过这十四个名字。

其次，我们选说这些国号的什么内容？

第一，说这些国号的成立过程。

这十四个统一王朝，不是凭空而来的。它们或是通过真刀真枪的"阳谋"打下的江山，或是通过宫廷政变的"阴谋"篡夺的天下。两头的王朝，如前头的商、周、秦、汉，后头的大元、大明、大清，都是打下的江山；中间的王朝，如新、晋、隋、唐、武曌的周、赵匡胤的宋，则是表面禅让、实质篡夺得到的天下。

在那血雨腥风、壮怀激烈的打江山与斜风细雨、黑暗曲折的篡天下的过程中，有许多我们熟悉的名字，如禹、汤、姬昌、姬发、嬴政、项羽、刘邦、王莽、司马懿、司马师、司马昭、司马炎、杨坚、李渊、武曌、赵匡胤、铁木真、忽必烈、朱元璋、努尔哈赤、皇太极，也有一些我们不怎么熟悉的名字，如启、契、弃、非子、杨忠、李虎、武士彟等。即便是那些我们熟悉的英雄或枭雄、权臣或悍将、圣母或女皇，我们所谈的内容，也可能是些平时不太为人关注的传说或史实、"阳谋"或"阴谋"。

第二，说这些国号的来源取义。

这十四个统一王朝国号，都不是凭空而来的。在这些字眼成为统一王朝的国号之前，它们或是民族名称，或是侯国、公国、王国的封爵，或是沿袭了过去统一王朝的国号，或是来自传统典籍中的美好字眼。一般来说，能够成为国号的字眼，多是带有美义的，所谓"王者受命，必立天下之美号以表功"（《白虎通德论·号》），起码也是不褒不贬的。如周是种禾养口、晋是前进上升、唐是浩荡伟大、明是日月光明，至于大清，是皇太极从金改过来的，同时他还改女真族名为满洲，在这里，国号、族名都成了改朝换代的利器，因为清、满洲三个字都带水，寓含着水克火、大清灭大明的吉祥兆头。这些复杂曲折、委婉奥妙的国号的来源取义，是我们特别关注的内容。

然而特别麻烦的地方，也正在国号的推源释义。为什么特别麻烦呢？

首先，缺乏直接、当事人的文献记载。

说起来诸位也许不会相信，在这十四个统一王朝国号中，只有忽必烈的大元国号，我们可以看到一份正规的《建国号诏》，其余十三个国号的来源取义，我们都找不到当事人、明确的文献记载。这样的情形，就好像父母长辈给孩子取名，往往没有留下文字说明材料一样。

其次，存在很多后来者的错误说法。

因为直接的文字记载少，汉字又有容易"望文生义"的特点，再加上古往今来的中国人有意无意地都具有浓厚的名号情结，既喜欢殚精竭虑地取名定号，也乐于追根求源地说文解字，这就给国号的解释留下了很大的想象或者发挥的空间，于是围绕着国号的来源取义，后来者的说法也就显得五花八门、真假难辨了。

不妨先举两个中国人解说外国国号的例子。晚清的时候，有位童生请教私塾先生："何谓伽利略意大利人？"私塾先生回答："这有何难！伽利略的意思就是赚大钱的人。"这位私塾先生望文生义，把"意大利"解释为"意思就是赚大钱的人"。而当时中国的外国通、多次公派出国的李鸿章，竟也闹出过这样笑话：当李鸿章的儿子派驻葡萄牙公使时，李竟惊讶地问："怎么葡萄也有牙？"当然，到了今天，我们不会再这样乱说了，我们知道，意大利、葡萄牙都是外语的汉字记音，不能拿汉字的意思来说事。意大利是牧羊场的意思，本来是个部落名称；葡萄牙是温暖的港湾的意思，来源于其境内城市波尔图的名称。再随便举些外国国号的例子，如也门是右边，智利是寒冷的地方，喀麦隆是大龙虾，塞浦路斯是黄铜，澳大利亚是未知的南方大陆，法兰西是自由之人，巴基斯坦是清真之国，土耳其、比利时、蒙古都有勇敢的含义，埃塞俄比亚则是晒黑的面孔。这些稀奇古怪的国号是怎么来的？里面的学问大着呢，研究的难度也比汉字国号大得多。为什么研究难度大得多？因为汉字几千年来，写法没有根本的变化。拼音文字就不一样了，它们自古到今变化很多，而且由于民族的变化，许多词汇经过了多次转写，转来转去，看上去就成了一堆字母的组合，而且这一堆字母，还可能是几经挥发以后留下来的，所以往往很难搞清它们的最初含义。

那么以方块汉字为主的中国国号，我们就能搞清它们的含义吗？其实瞎说的也很多。这里特别强调一句，轻易不要用"胡说"这个词，因为在汉语的语境中,"胡"本来是指北方边地与西域的民族的,后来也泛指外国人,所以计较起来,"胡说"这个词竟然还带有某些民族歧视、大国沙文主义的色彩呢!

围绕中国历代国号来源取义的瞎说,如商,来源于凤,有人说是因为这个国家的人特别善于经商做生意,所以就叫商了,这是因果倒置的说法。类似的因果倒置,还有夏、商、周、秦国号来自地名的说法。如秦,本来是一种喂马的草料,到了后世的拆字先生那里,却成了"春"字字头、"秋"字偏旁合成的"秦"字,寓意着春秋循环、传之万年,这是牵强的说法。又如宋,本来非常简单,开国皇帝赵匡胤曾经做过宋州归德军节度使,所以开朝建国,就以宋为号,但是经过宋朝文人的精致"论证",宋竟然成了"天地阴阳人事际会,亦自古罕有"(《洛中纪异录》)的完美国号,这算是附会的说法吧。

一方面是当时的文献记载太少,另一方面是后世的错误说法很多,可见要说明白、说正确这些统一王朝国号的来源取义,要分辨清楚这些国号的初始义、引申义、附会义,实在是件非常麻烦的事情。

第三,说说这些国号在后世的影响情况。

既然是统一王朝,那么无论它的命运是长是短,形象是好是坏,在地理上其国号所涵盖的疆域范围都是广大的;在政治上其国号都是"家天下",也就是某一姓帝王家族拥有国家最高统治权的标志;在文化上都成为国家政治文化的象征,淋漓尽致地展现了方块汉字的魅力,有时还凝聚了传统文化的精华。

正是因为这些,统一王朝国号在后世的影响,往往如风如雨,弥漫滋润。如周、秦、汉、唐等国号，为后世许多汉族以及非汉民族政权反复沿用，显示了这些国号持久的生命力；由夏国号演变出了华夏民族的族称，由汉国号演变出了汉族的族称，政治符号变成了民族名称，又可见夏、汉国号的深远影响；至于西方语言中的 China 来源于秦国号，海外中国人聚居的街区称为"唐人街"，更可见出秦、唐国号的影响，已经跨出国门，远播域外。相对而言，背负着道德恶名的王莽的"新"国号，以及被嘲讽为太不吉祥、缺乏文化的杨坚的隋国号，在中国国号史上就显得孤单寂寞了，甚至没有一位继承者。诸如此类的正面影响与负面影响，也是我们需要提及的重要内容。

名实互证：国号与王朝

我们选说的内容，除了以上统一王朝国号的成立过程、来源取义、影响情况三大方面外，还有一个不可或缺的方面，就是这些国号所代表的统一王朝在中国历史上的地位或特征。

为什么说国号以外，还要说王朝？道理很简单，国号是名，王朝是实，名与实之间的关系就像毛与皮之间的关系。皮之不存，毛将焉附？同样，不说王朝，也就难说清国号，而且解析国号与王朝之间的名实关系，还相当有趣。

中国历代统一王朝国号与统一王朝之间，大多是名实相副的。以养马立国的秦，恰好也是马上得天下、马上失天下的王朝；与银河般浩瀚悠长、帝尧般道德完美有关的汉、唐国号，指代的正是备受称赞、国运长久的伟大的汉、唐王朝；来自《易经》"大哉乾元"的大元国号，与拥有广袤疆域、信仰长生天的元朝之间，也是名实相副的。至于名实不符的国号与王朝，巍巍高大的晋国号，没有形象高大的晋朝与之相配；一切求新的"新"国号，对应的却是一切复旧的新朝；力图走出短促宿命的隋国号，也无法改变隋朝的短命。

再如，就我的感觉来说，比较而言，代表着中国"创世纪"的夏，是中国历史上最模糊不清的王朝；"玄鸟"生出的商，是中国历史上最玄妙、最神秘、最迷信的王朝；以重农为特征的周，是中国历史上最被称道、最受尊敬的王朝；以统一与暴虐而出名的秦，是中国历史上最令人感慨、评价最为纷歧的王朝。至于汉是最相信天命的王朝，"新"是最没有地位的王朝，晋是道德评价最差的王朝，隋是国号最受嘲讽的王朝，唐是获得赞美最多的王朝，武曌的周是最尴尬、最无奈的王朝，宋是最讲究文化、最显得斯文的王朝，大元是非汉民族建立的最金戈铁马的王朝，大明是皇帝最为集权的王朝，大清是精神的力量最为显著的王朝，都标明了这各具地位的统一王朝在中国历史长河中的特征所在。

如此通过王朝说国号，通过国号说王朝，是不是有点意思？而通过这样的联系与比较，还能让我们深切地感触到非常具有中国特色的中国历史。

如我们说的是统一王朝，而没有分裂也就无所谓统一，于是通过交替出现的分裂与统一的回顾，即夏、商、周的统一，春秋、战国的分裂；秦、西汉、"新"、东汉的统一，三国的分裂；西晋的统一，东晋十六国、南北朝的分裂；隋、唐（含武曌的周）的统一，五代十国的分裂；北宋的统一，南宋、金、西夏的分裂；大元、大明、大清的统一，我们就会获得这样的历史启示："话说天下大势，分久必合，合久必分"，但归根到底还是合；又分裂的时间大体越来越短，统一的时间则越来越长，而且统一的范围越来越大，统一的程度越来越深。所以，统一是经济、政治、文化乃至心理的大势所趋。

再如，我们会反复说到"托古改制"的政治传统，说到"五德终始"的政治理论，这种"托古改制"与"五德终始"，把许多看上去不搭界的王朝串在了一起，如周朝、"新"朝、武曌的周朝，商朝、宋朝、明朝，后一个王朝与前一个王朝之间，都有相互承接的关系，于是表面显得凌乱的改朝换代史，被链接成了一个又一个整齐有序的周期小循环，这是中国历史尤为精彩的地方。我们经常说中国拥有"上下五千年"的文明史，这是什么样的文明史呢？是连续、不间断的文明史。我们说老子、孔子，那是张口就来，我们看甲骨文、金文，大体还能认识，这就是连续，就是不间断，这在世界文明古国当中是非常特殊的，也可以说唯有我们中国如此。那么，是什么维系着中国"上下五千年"的文明史连续而无间断呢？是地理环境、民族关系、经济基础、政治制度、文化传统、思想趋向，如此等等，当然非常复杂；然而"托古改制"、"五德终始"，无疑又是其中至关重要的因素。

又如，我们所说的统一王朝国号的成立过程与消失过程，总是联系着开国大帝的崛起与成功，牵涉到亡国之君的暴虐或孱弱。他们凭什么得到江山，又因什么失去天下呢？为什么有的统一王朝长寿，有的统一王朝短命呢？又为什么无论长寿还是短命，中国历史上的这些统一王朝都走不出治乱兴衰的循环怪圈呢？其间有多少历史经验值得我们汲取，又有多少历史教训值得我们记牢……

总之，"说国号"的主题，定位在揭秘十四个统一王朝国号的成立过程、来源取义、影响情况，内容也涉及到评点这十四个统一王朝的地位或特征，顺带着还要解析这十四个统一王朝串连起来的中华五千年的历史变迁。

对于中国历史上国号的总体概说，就到这里。下一讲我们开始探讨具体的国号，首先要讲的就是"夏"。

第二讲

夏：以蝉为号

夏禹王画像

中国的"创世纪"

在中国历史纪年中,第一个可信的朝代是夏朝。比较系统的夏朝历史记载,是西汉司马迁的《史记·夏本纪》,然而司马迁距离夏朝也有将近两千年了,他对夏朝历史的记载就已经有很多说不清的地方了。因此,作为中国历史文明初曙的时代,夏朝的面貌就显得非常模糊不清。而模糊不清,或许就是今人眼中夏朝最大的特点吧!这也包括了"夏"这个国号。历史文献没有给出夏国号确立过程、来源含义的标准答案,既往的甚至今后的考古发掘,大概也挖掘不出有关这个具体问题的清晰答案。所以本讲的讨论,有些推测的成分,不必看作"定论"。

夏朝当然不是凭空出现的,它联系着一位伟大的人物——禹。禹是夏朝的奠基者,禹的事迹,可谓是中国的"创世纪"。

读过《圣经》的朋友都知道洪水与诺亚方舟的故事,没有读过《圣经》的朋友也肯定听说过这个故事。这个故事见载于《圣经》的《创世纪》里,说上帝耶和华看到他创造的世界变得一团糟了,就决定毁灭所有的人类,只留下为人虔诚、与人和睦相处的好人诺亚一家。于是上帝告诉诺亚造一条大船,那船长四百五十英尺,宽七十五英尺,高四十三英尺,这跟现代的远洋轮船差不多大。诺亚又捕捉了许多动物放在船上,然后上帝就让暴雨连下了四十个昼夜。洪水汹涌澎湃,淹没了整个地球,只有诺亚方舟漂浮于汪洋大海中。等到洪水消退了,诺亚一家和他带上方舟的动物,就成了这场可怕洪水后仅存的生物,并一直繁衍至今。

那么大家是否知道,我们中国也有这样的"创世纪"呢?这就是大禹治水。话说尧帝时,洪水滔天,到处泛滥,人民不得安生,于是尧帝命令鲧治理洪水。鲧用围追堵截的方法治了九年,却是堵上了这里,又溃漏了那里,纵然忙得焦头烂额,却没有什么成效。接任尧帝的舜帝一怒之下,就把鲧杀了,又委派鲧的儿子禹继续治理洪水。禹接受了父亲的教训,改用疏导的方法,劳心焦思十三年,三过家门而不入。为了治水,禹累得身体枯瘦,腿上的汗毛都被磨光了,脚上长满了老茧,以至行路困难,一跛一瘸的,人称"禹步"。也许是禹的真诚感动了上苍,也许是禹的确治水有方,反正洪水被禹治平了。治平洪水之后,立下丰功伟绩的禹获得了"大禹"即"伟大的禹"的称号,随后又接受了舜帝的禅让,成为新的君王。大禹把大地划分为九州,以便人们的居住与管理,于是中华大地有了"禹迹"、"九州"等等名号。"禹迹",就是大禹那一跛一瘸的"禹步"走过的地方,这些地方,因为大禹的治理,才适合人们的居住;"九州",后来还有了具体的名称,如冀州、兖州、青州、徐州、扬州、荆州、豫州、梁州、雍州,这些名称,大多数一直到今天还在使用,由此可见大禹对中国历史的深远影响。我们可以说，中国的人文始祖是黄帝，而中国的疆域偶像就是大禹了。

其实，类似《圣经·创世纪》与大禹治水这样的洪水传说，在世界上许多民族中都有流传，如巴比伦、印度、波斯等。具体到我国，上古文明最先发源于黄河流域，黄河自古就多泛滥成灾，洪水的传说大概因此而来。

值得注意的是，大禹还不仅是中国的疆域偶像，也是中国"国家"历史的奠基者。因为大禹的儿子启，就是夏朝的开国之君。这又是怎么回事呢？

从禅让制到世袭制

说起我们中国的历史，从前的说书人往往喜欢这样开场："自从盘古开天地，三皇五帝到如今……"在西方的《圣经》里，是上帝耶和华创造世界；而在中国的神话里，是盘古开天辟地。其实，按照"五四"以后新史学家们的解释，中国有世袭制国家的历史，是从夏朝开始的。夏朝以前开天辟地的盘古氏，那是神话中的人物；有七种说法的"三皇"、有四种说法的"五帝"，他们是原始社会末期部落或部落联盟的领袖。上面说到的尧、舜、禹，就是这样的部落联盟领袖。尧选拔了舜作为继承人，舜又选拔了禹作为继承人，禹起初也选择了帮他治水的益作为继承人。

然而也是从禹开始，这种选拔能人或贤人作为继承人的制度改变了，最终继承禹的人选是他的儿子启。不要小看了这件事，这可是中国历史上一个非常重要的质的变化：领袖或帝位的继承，从大家轮流坐的传贤制度,变成了一家独坐的传子制度;从不同家族之间的禅让制,变成了一个家族内部的世袭制,所谓的公天下,变成了家天下,"大同"之世也就是原始社会,变成了"小康"之世也就是阶级社会。为什么会有这样的质变呢?简单些说,在大禹之前,社会财富极为有限,个人生活极为简陋,所以权力意味着付出,领袖意味着麻烦,拥有权力的领袖,是真正的为民服务的公仆,所以大家相互谦让;而从大禹时代开始,社会财富大大增加了,生活的享受甚至奢华也成为可能,军队、监狱等等的出现,又使领袖陶醉于权力之中,也就是说,权力意味着获取,领袖意味着利益,于是领袖的位子,就成了彼此争夺的对象了。具体到大禹,又怎么会甘心把位子让给其他家族的人,而自己的儿子做平民百姓呢?所以,大禹最终把位子传给了自己的儿子启。

禹传启,父传子,此举意义非凡,它既标志着中国历史从此进入了君、家、国三位一体的新时代,这个新时代历时四千多年,直到1912年中华民国建立,推翻帝制,才宣告结束。"禹传子,家天下",也标志着夏朝的建立。因为禹的位子还是舜禅让的,而启的位子得自父亲禹,启又传位给了儿子太康,也就是说,正是在启时,传统的禅让制度终于让位给了新兴的世袭制度,所以我们把启看作是夏朝的开国之君。其实"启"这个字本身就有开创始祖的意思,夏有国号也是从启才开始的。

那么,这开创了世袭制国家历史的夏朝,又是起于何时、止于何时呢?这不容易说得准确,因为中国历史有确切纪年,要晚到公元前841年。大略些说,夏朝约当公元前21世纪到公元前16世纪,总共四百多年,传了十三代、十六王,其中有三王是兄弟继承的。夏朝的第一位王是启，后来一般称为夏启；最后一位王，就是我们经常说起的迷恋女色、荒淫残暴的桀了。

形似与义合

夏既然是中国历史上中原王朝的第一个可信朝代，夏国号的重要性就不言而喻了。当然，我们在这里把"夏"直接称为"国号"，是沿用了后世的习惯用法。因为迄今为止，商代甲骨文中还没有出现国的原字"或"与变体"國"，商王、周天子也都称其国为"我邦"，春秋以后的君主才常被称为"有国"者。所以，如果按照历史的本来称呼，夏、商、周应该称为"邦号"。只是这样就把问题复杂化了，或者过于拘泥了，大家可能听着不习惯，所以我们还是依据先秦时"邦"、"国"可以互相解释的情况，从简处理，把夏、商、周看作是"国号"。

作为国号的"夏"是什么意思呢？从古到今，大概出现过十几种不同的说法，其中最为传统的一种说法见于《说文解字》。《说文解字》是我国第一部系统分析字形和考究字义的字书，作者是东汉的许慎。我们解说国号的时候，常常会用到这部书。《说文解字》指出："夏（夓），中国之人也。从夊，从頁，从臼。臼两手，夊两足也。"这话的意思是：居住在中国的人称夏人，夏字是由夊、頁和臼三个偏旁组成的。夏朝时还没有出现"中国"的概念，"中国"名号确见于西周武王时期，也可能始于商代，所以许慎的说法属于望文生义，不足为训。

那么，夏国号到底是什么意思呢？要想明了这一点，最好找到夏字最初的写法。遗憾的是,时至今日,我们还没有见到大家公认的夏朝的文字,但是稍晚些的文字是有的,这就是在河南安阳发现的刻在龟甲和其他兽骨上、记载占卜内容的商代的甲骨文。从 19 世纪末到现在,总共出土了带字的甲骨十万片左右,单字大约五千个左右,已经认识的字有两千多个。

真是地不爱宝,甲骨文这种前所未有的史料,为古史研究新局面的展开奠定了基础。非常幸运的是,在甲骨文中,我们找到了这样一连串的字:

看看这像什么?大家发挥想象力猜猜看。从前的许多甲骨文学家也是各有看法,有人说是蟋蟀,有人说是蝗虫,有人说是天牛,还有人说是长着两只角的龟,当然还有些其他的说法。我比较倾向于"蝉"的说法,蝉就是我们今天习称的知了。在上个世纪的二三十年代,叶玉森、董作宾、朱芳圃等甲骨文学家,就把这些字认作蝉。1933 年,叶玉森在《殷墟书契前编集释》中解说道:

> 释夏……并状绥首翼足,与蝉逼肖,疑卜辞假蝉为夏,蝉乃最著之夏虫,闻其声即知为夏矣。

应该说,这种说法具有相当的合理性。

首先是形似。商代甲骨文中有许多象形字,当然象形不是图画,所以只能象形出所指代事物的特殊部分,如牛字只画一个牛头,羊字只画两角。推广些说,甲骨文中的十二生肖字,按照这个原则,我们都能认出个大概。具体到蝉,最显著的特征是它带有触须的宽宽的头额,如纱般、网络状的薄翼,而这批夏字已经具备了这些特征,的确很像蝉的侧面。当然,说像蟋蟀或者蝗虫,也不是不可以,但在意思的解释方面比较难通,这一点我们下面还会说到。我们甚至可以推断,当有朝一日发现夏代文字时,"夏"字应当是出现频率相当高的一个字眼,而夏字的象形性也应当更加明显,也就是更像蝉的形状。因为越是早期的文字,就越是"画成其物,随体诘诎"(《说文解字·叙》),象形的程度也越高。

其次是义合。蝉在夏天是常见其形、每闻其声的昆虫,《礼记·月令》中说"仲夏之月……蝉始鸣"。"仲夏之月",是农历的五月。作为夏天的特征之一,"假蝉为夏",确实可以用蝉来表示夏天,这就仿佛甲骨文中的四季,按照多数学者的看法,春字是草初生的样子,秋字是禾稼成的样子,冬字是枝果折落的样子,也就是说,春、夏、秋、冬四个字的本形、本义都是以一种物质为代表的。具体到夏字,就是一只在夏天里叫着的知了,这也符合"蝉鸣夏"的意思。

居高声自远

在了解了夏字的本义为蝉以后,我们也许会心生疑惑:启为什么要选取蝉这种昆虫作为国号呢?

按照今天的认识,俗称"知了"的蝉,其卵产于树木中,孵出后的幼虫

（蝉蛹）掉到地上，马上寻找柔软的土壤往下钻，在地下靠吸取树根的液汁过日子，并经过几次蜕皮，多年以后方才破土而出，爬到树上，蜕去最后一层干枯的浅黄色的壳。蜕壳的过程，成虫就好像从一副盔甲里爬了出来。所蜕的壳，具有药用价值，主治感冒发热、咳嗽喑哑、小儿麻疹、风疹、惊痫等症。成年的蝉，也靠吸取树汁生活。蝉分雌、雄，雌蝉再在树木中产卵，然后卵成蛹，蛹成蝉，蝉产卵。

在中国古代，文人墨客们对蝉的评价很高。曹操的儿子曹植曾经写过一篇《蝉赋》，对蝉进行了高度的赞扬：

> 唯夫蝉之清素兮，潜厥类于太阴。在炎阳之仲夏兮，始游豫乎芳林。实淡泊而寡欲兮，独怡乐而长吟。声皦皦而弥厉兮，似贞士之介心。内含和而弗食兮，与众物而无求。栖乔枝而仰首兮，漱朝露之清流……

唐朝大书法家虞世南也有一首《蝉》诗，表现出蝉的高风亮节：

> 垂绥饮清露，流响出疏桐。
> 居高声自远，非是藉秋风。

《唐诗别裁》里说："咏蝉者每咏其声，此独尊其品格。"而类似这样以蝉为题材的文学作品，在中国古代可以说是不胜枚举。文人们喜欢自比为蝉，喜欢佩戴玉蝉，正是看重了蝉高洁的品性。他们认为蝉是"餐风饮露"的，所以不会被世间的污浊和尔虞我诈所侵染，纯洁清高而不同流合污。他们看到蝉高居在树上，鸣叫的声音能够传到很远的地方，所谓"居高声自远"，所以他们也希望拥有如此高尚的精神和魄力，自己的主张可以达到"声远"的效果而为统治者采纳。以上这些象征意义，都让文人墨客们产生了自比于蝉的想法和愿景，使得蝉作为一种符号化的意象，长存于中国古代的文学作品中。当然，随着时间的推移，佩戴玉蝉又有了更多的寓意。如腰间佩个玉蝉，是"腰缠（蝉）万贯"的意思；胸前挂个玉蝉，是"一鸣惊人"的意思，等等。

也许大家会觉得，以上这些象征意义，都是后起的，那么在夏朝前后，蝉又具有什么样的意义呢？如果我们做些追溯，关注考古的朋友应该知道玉蝉与蝉纹。如时代早于夏朝的辽西红山文化、江南良渚文化中，就已经出现了玉蝉，这可能与当时人意识到了蛹——蝉——蛹周而复始、不断循环的神秘现象有关，这种神秘现象，无疑象征着生命的延续不断、复活永生。再如时代晚于夏朝的商、周时期，常在青铜礼器上雕镂蝉纹图像，清朝冯云鹏、冯云鹓兄弟在《金石索》中解释说："蝉，取居高饮清之义。"又如两汉时期，在丧葬仪式中，死人的口里普遍含有玉蝉，以寄托生命如蝉、获得再生的愿望。

总之，从很久远的时代起，蝉能蜕变转生、蝉出于污秽而化成高洁、蝉居高而鸣远、蝉饮露而清高等等的象征意义，就已经逐渐明显与丰富了起来。如此我们可以推断，启以蝉形的"夏"字作为国号，大概正是看中了蝉所代表的这些神秘而美好的意义。因为这些秘义、美义，既反映了继禹而立的启，所怀有的仿佛秦始皇帝嬴政"二世三世至于万世，传之无穷"的愿望,也可以用来反映全新意义上的夏国在政治以及文化上的崇高地位。试问,哪一位君主不希望自己的国家延绵不息、世代永存、居高鸣远呢?

有趣的是,在"夏"成为王朝国号以后,它又被赋予了诸多美好的含义,如西方、高雅、伟大等等。

先看夏有西方的意思。春秋时,陈国的公子少西字子夏,郑国的公孙夏字子西。了解中国古代名字文化的朋友一定知道,古人取字一般遵循着"名字相应"的原则,就是名与字之间要有联系,或同义互训(如陆游字务观,游与观同义),或反义相对(如韩愈字退之,愈与退反义),或近义联想(如屈原字平,原与平近义),或原名变化(如杜牧字牧之),或名字相同(如司马道子字道子)。少西字子夏、公孙夏字子西,符合的是同义互训的原则,也就是说夏有西义。夏为什么会有西的意思呢? 这应该与夏国的疆域位置有关。相对于取夏朝而代之的商朝,以今天的河南(黄河中游,豫西晋南)为中心的夏国,位置在西面,所以商朝赋予了夏字以西方的意思。

再看夏有高雅、伟大的意思。《尔雅·释诂》说:"夏,大也。"西汉扬雄的《方言》中说:"自关而西,秦晋之间,凡物之壮大者而爱伟之,谓之夏";古代高大的建筑也叫"夏"(厦)。这个意思是怎么来的呢? 应该是取商朝而代之的周朝立足于文化高下的一种说法。在周人看来,周朝所继承的夏朝,既是泱泱大国,夏文化也是地位很高、影响很大的文化。

了解了以上这些夏字的本义和引申义后,我们就可以接着谈谈夏国号在后世的影响了。

广泛而深远的影响

以夏为国号的这个国家，在历史上存在了四百多年，最后为商所灭。然而，三千多年前的夏朝，并没有离我们远去。直到今天，华夏仍是使用非常广泛的社会词汇，华夏银行、华夏基金以及各种与华夏沾边的企事业单位名称，真是数不胜数。喜欢旅游的朋友，可能去过陕西靖边县北漫漫黄沙中的白城子，这里曾经是刘勃勃（赫连勃勃）夏国的首都统万城；也可能去过宁夏银川市西、贺兰山东麓的西夏王陵，这里埋葬着多位西夏皇帝。这些都显示了夏、商、周三代中的"夏"，在后世所产生的影响。

从国号与名号的角度看，夏国号在后世的影响，主要表现在两个方面。

首先，就夏国号对其他国号的影响看，后来出现了三个"夏"国号。

一是从407年到431年匈奴族建立的夏。为什么立国号夏呢？其开创者刘勃勃自称："朕大禹之后。……今将应运而兴，复大禹之业。"（《晋书·赫连勃勃载记》）这话是有依据的，司马迁的《史记·匈奴列传》中就说："匈奴，其先祖夏后氏之苗裔也。"当然这很可能还是附会。需要提醒一下的是，现在的历史读物，一般把刘勃勃写成赫连勃勃，这不准确。称帝之前，他叫刘勃勃；称帝以后，他叫赫连勃勃。姓刘，是因为汉朝把公主嫁给匈奴了，从母姓，所以姓刘；而他为何又姓赫连了呢？这在其发布的诏书中有解释："子而从母之姓，非礼也。……朕将以义易之。

帝王者,系天为子,是以徽赫实与天连,今改姓曰赫连氏。"(《晋书·赫连勃勃载记》)

二是从 1038 年到 1227 年党项族建立的夏,也就是我们平时习称的西夏。这个夏是怎么来的呢? 西夏始主元昊的祖先,曾被唐朝封为夏国公、被契丹封为夏国王,元昊的领地里,有赫连勃勃夏国的首都统万城,当时就叫夏州。元昊的国家,又在宋朝的西面,元昊独立建国前,与宋朝的关系不错,从他的爷爷直到他自己,都曾经姓赵,这是宋朝的赐姓。而我们上面说过,在夏的引申义中,有个义项是西方、西面。所以,元昊立国,国号就定为夏。

三是从 1362 年到 1371 年汉族人建立的大夏。这是元末农民起义领袖明玉珍在重庆建立的政权。这个大夏,从远古的渊源说,与夏、商、周的夏可能有点关系。传说大禹出自西方,夏为国号后,又引申出西方的意思;但估计明玉珍不会想得那么远。明玉珍的大夏,与当时张士诚的大周、陈友谅的大汉以及刘福通、徐寿辉的大宋一样,都是反抗元朝统治、意在恢复汉族天下的象征。这话又怎么理解呢? 这就联系到了夏国号另一方面的重要影响了。

这另一方面的重要影响,就是启的夏国号是华夏名号与华夏族称的来源,而华夏与中国两个名号组合,各取一字,又成了中华。这事蛮复杂的,简单而言,经历了以下几个阶段:

第一,在夏、商、周三代中,商灭夏,周又灭商,而在灭商前后,周人打的是"反商复夏"的旗号,这就仿佛我们以后要说到的清朝初年与清朝末年的"反清复明"活动。这样做的好处在于,既以夏作为政治与文化上的号召,以安抚与统治天下的黎民百姓,又显示自己的新政权是有历史渊源的,不是抢了别人的天下,而是恢复了祖宗的基业。原来,商是由东方民族建立的王朝,夏与周都是由西方民族建立的国家,而且在传说中,周人的祖先曾经担任过夏朝的农官,相当于现在的"农业部部长"。等到周人"反商复夏"成功后,周朝既自称为继夏,周天子分封的那许多诸侯国,也就称为诸夏了。

第二,诸夏毕竟只是许多夏的意思,缺乏文化色彩,为了表示文化地位突出,强调与周天子的关系非同一般,这些诸夏国家进而又称"华夏"。华夏怎么就表示文化突出了呢? 这与华字的含义有关。原来华与花是可以互通假借的,木本植物开的花叫"华",草本植物开的花叫"花"。华既然是花,引申到文化上,华就指美丽的服饰、高雅的文章与灿烂的文化了,华夏名号,也就显示了文化的传统正宗、超凡脱俗。

第三,到了春秋时期,属于华夏集团的诸侯国,有着"尊王攘夷"的共同政治取向。尊王,就是奉周天子为主;攘夷,就是排斥蛮、夷、戎、狄。这样,华夏名号又带上了民族的色彩乃至成为民族的名称。华夏民族,就是区别于蛮夷戎狄的、文化灿烂、如同花一样美丽的夏人。等到魏晋南北朝时期,"汉"成为族称以后,华夏仍然在使用,如果说汉是个正式族称的话,那么华夏就是汉族的雅称。这个雅称,追根溯源,竟是植物之花、动物之蝉的组合,寓意高雅、优秀、美好的民族。

第四,"中国"与"华夏"各取一字,又组成了"中华"。中华这个名号,大概出现于三国时期。而从那以后直到今天,中华名号既有地理、文化的含义,也有民族、政治的含义,具体所指,这里就不展开说了。只是非常明确的是,中华在今天的使用情况,如中华民族、中华文化、中华人民共和国,又比"华夏"更加普遍。

说到这里,中国历史上第一个可信国号"夏"国号及其影响问题可以告一段落了。通过讨论,我们获得了以下三点重要认识:

首先,夏国号的确定,与蝉所代表的生命永驻、居高鸣远、高洁清雅等等的秘义、美义有关;而取秘义、美义为国号,也成为后世中国历史上命名国号的常用方法。

其次,夏国号的影响,极为广泛与深远,这不仅表现在后世有些政权沿用了夏国号,更表现在从诸夏到华夏、再从华夏到中华的演变过程中。

最后,对于国号的推源释义,既要以当时的历史为背景,以当时的社会为参照,以当时的思想为基础,进行换位思考;更要严格区分初始义与后来的引申义。如夏国号的初始义是蝉,而西方、伟大、中国之人等等,都属于引申义,不可混为一谈。

而当我们带着这样的认识,再去探究接着夏国号的商国号时就会发现,商国号竟然也是来自动物的。来自什么动物呢?请看下一讲"商:由凡鸟到神鸟"。

第三讲

商：由凡鸟到神鸟

湯

順天應人　本乎仁義
以寶緯忠　匪曰求異
盤銘一德　桑林六事
人紀肇修　垂千萬世

成汤画像

"人吞商史"

　　公元前16世纪,夏朝最后一位暴虐之君——桀,在众叛亲离中被东方仁慈宽厚的商族首领——汤彻底击垮,夏朝灭亡,商朝建立。"夏"这只鸣叫了四百多年的蝉,终于又变成了蛹,钻到了地下,等待着重生。夏的重生,要到周灭商,我们说过,周人是打着"反商复夏"的名义成功的,所以周朝也自称为夏。商朝是中国历史上的第二个中原王朝,它经历了或父子相继、或兄终弟及的十七代三十王,从公元前16世纪到公元前11世纪,历时五百多年。如果按照国家重点科研项目"夏商周断代工程"给出的年表,商朝纪年为公元前1600年至公元前1046年。当然,公元前1600年是取整数、大概而言的,公元前1046年,也不是公认的确切年份。

　　关于"商"国号的来源,有一种观点认为来自地名,至于这个叫商的地名在哪里,则是众说纷纭,笔墨官司打得不亦乐乎;还有一种为人津津乐道的观点认为,因为这个国家的人特别善于经商做生意,所以就叫商了。其实恰恰相反,地名的商、经商的商,都来自商国或者商族,这就好像英语里瓷器的 china 来自中国的 China,而决非坊间流传的中国的 China 来自瓷器的 china。讨论名号问题,一定要分清楚因果,颠因为果、本末倒置,就闹笑话了。以商业来自商国或商族为例,商朝后期,随着社会经济的进步,商业逐渐发展起来;周灭商后,一些商的遗民为了生存,赶着牛车,从事贸易活动。正是因为以货币为中介的真正的商业行为出现于商朝,失国后的商遗民又多从事贸易活动,沿袭下来,就把搞买卖、做生意的人统称为"商人"了,并称他们从事的这一职业为"商业"。再到后来,由经商、做买卖的"商",还引申出"商"有商量、商讨、商议等一大堆相关的意思呢。

商朝的纪年是模糊的,商国号的来源也是不清楚的,这都反映了商朝距离今天的久远。太久远的年代,或者没有文献记录,或者记录比较简约,所以许多事情往往搞不清楚;但相对于夏朝,商朝的面貌还是显得要清晰得多。这不仅是因为商朝有不少铸刻在青铜器上的金文,并发现多处宫殿、作坊、陵墓遗址,更是因为在距今一百一十多年前,就发现了甲骨文。

说起商朝,大家脑海中马上就会浮现出那笔画纤细、字体秀美、刻在龟甲兽骨上的甲骨文。我们说起汉字形体的演变,总是说甲、金、篆(大篆小篆)、隶、楷、草、行,也就是说,甲骨文是我国现今所见时代最早、体系较为完整的古代文字。甲骨文被正式发现是在 19 世纪的最后一年,即清朝光绪二十五年(1899)。1899 年之前,在今河南安阳市一带,农民种地时经常挖到的有刻痕和无刻痕的龟甲兽骨,是被当作一味可治多种疾病的中药材的，称为"龙骨"。因为药材商不收有刻痕的龙骨，所以农民为了卖钱，就把龙骨上的刻痕刮平，甚至磨成粉末。1899 年，在北京做官的山东人、国子监祭酒王懿荣因患疟疾买药，偶然发现了留有刻痕的龙骨，仔细端详之下，那些刻痕竟然是古代的文字。再经过一番研究，王懿荣揭开了一个天大的秘密：这是商朝的文字！于是中药材龙骨，一变而为珍贵的文物，身价当然也是暴涨。迄今为止，大概出土了有字甲骨十多万片。当然，如果早些出现王懿荣这样的有识之士，有字甲骨的数量还会更多。所以学术界有个苦涩的说法——"人吞商史"。就是说，许许多多的商朝史料，已经被磨成粉末、当作药物吃进肚子里去了。

那么，甲骨文与我们这里要谈的商国号有什么关系呢？在甲骨文发现之前，许多中外学者视商朝为传说时代；而在甲骨文发现之后，商朝就成了确定不疑的存在了。为什么甲骨文具有这么重要的价值呢？原来，甲骨文基本上都是商朝帝王的占卜记录，商朝统治者特别迷信，凡事都要占卜，以了解鬼神的意志和事情的吉凶。占卜所用的材料，主要是龟甲和牛骨。占卜的方法是：在甲骨的背面钻出一些小坑，然后用火炙烤，这样正面就会出现纵横的裂纹，再由专业人士也就是卜人，根据这些裂纹判断吉凶，并把相关内容刻在甲骨上，这就是甲骨文，也叫卜辞。一片完整的甲骨卜辞，包括占卜的日期、卜人的名字、卜问的事情、吉凶的判断、如何行动和是否应验等情况。如此，甲骨卜辞的内容就包罗万象了，上自天文，下到地理，从国家大事到生活小事，还有当时各行各业的生产状况，在甲骨卜辞中都有反映。所以我们说，甲骨文堪称商朝的百科全

书,是我们解密商朝历史的有力工具。如通过甲骨文,我们印证了一千
多年后司马迁《史记·殷本纪》中关于商朝帝王世系的记载是基本可信
的,切实感受了商人迷信鬼神、崇拜祖先、残杀奴隶、喜欢迁移、农牧兼
营、爱好喝酒等等特点;确认了今天考古学上鼎鼎大名、2006 年 7 月被
列入《世界遗产名录》的河南安阳"殷墟",是商朝后期的都城遗址,也是
中国历史上可知确切位置的最早都城;我们还知道了在殷墟甲骨文中,
其实不见"殷"字……

　　说到这里问题来了:殷墟也就是殷的废墟,怎么是商朝都城的遗址
呢?记载先商与商朝历史的《史记·殷本纪》,为什么不叫《商本纪》呢?
甚至"商朝甲骨文"的说法,其实也不及"殷墟甲骨"、"殷墟卜辞"的说法
来得普遍。还有,早在 1956 年,著名学者陈垣先生就在《商朝与殷朝》一
文中提议,"我们的历史课本将称商代商人的地方,一律改为殷代殷人",
"因为商人容易与做买卖的商人相混,如果称殷代又称商人,就好像说殷
代做买卖的人一样"。怎么会有这样的提议?这"殷"与"商"到底是什么
关系呢?看来,在谈商国号之前,实在有必要交代一下这与商纠葛不清、
容易混淆的"殷"。

纠葛不清的殷与商

　　查考先秦以来的传世文献直到近现代的各家著作,称商、称殷、称殷
商甚至称商殷,总体感觉是相当随意的,如果一定要找出什么规律的话,
那就是宋朝的时候,绝大多数场合称商不称殷。其中的原因非常简单,

就是为了避宋朝开国皇帝赵匡胤父亲赵弘殷的名讳。这里顺便说说避讳，在中国历史上，君主和尊长的名字是不能随便说出或者写出的。在古人的思想意识里，君主和尊长的名字被人叫来叫去、写来写去，就是大不敬，所以在说话或著作等各种场合，遇到君主和尊长的名字，必须回避。回避的方法有很多，如著作时的改字、缺笔、空字，这就是避讳。违背了避讳的原则就是大不敬，大不敬的结果，严重时甚至是杀头之罪。如此，我们也就可以理解中国历史上一个有趣的文化现象了，即皇室成员取名时有意选择冷僻字，如大明皇帝所用的"炆"、"棣"、"炽"、"樘"、"熜"、"厔"等字，大清皇帝所用的"烨"、"禛"、"琰"、"湉"等字，这类字眼，比起唐太宗李世民的"世民"一类常用字，老百姓当然不容易触犯，这也显示了君主们的"仁爱"之心吧！当然，现代的意识又反过来了，如全国有多少中山路、中山公园呢？这是以伟人的名字命名地名，以起到纪念作用。

回过头来说说殷与商纠葛不清的问题。这个王朝或这个国家，到底称殷还是称商？名号不是小事，名不正则言不顺，何况国号！当初建国时，国号必定是唯一的，问题在于这个唯一是"商"还是"殷"呢？简单些说吧，依据对甲骨文的研究，我们知道了商是自称，是本号，是商人对自己国家的称号，那么，殷就是他称，是别号，是周朝以及后世对商国的一种称号了；当然，周朝以及后世也称商、殷商或者商殷。这样的情形，很像三国时的刘备、刘禅政权，当时自称"汉"，他称"蜀"，后世又称汉、蜀、蜀汉。

殷又是什么意思呢？有些古文字学家认为，先有夷，后有殷，殷是夷的发展,或者是夷的别体字。夷是蛮、夷、戎、狄的"夷"。中原地区周边的民族,先秦时有南蛮、东夷、西戎、北狄的说法。夷由弓、大两个字组成,大就是人,像人伸着胳膊、又开双脚的样子;弓是弓箭,所以"夷"就是东方善于引弓射箭的民族。商人起源于东方的黄河流域下游,又喜欢迁移,有些类似草原游牧民族,而游牧民族都是善于引弓射箭的。如毛泽东《沁园春·雪》里就有这样的词句:"一代天骄,成吉思汗,只识弯弓射大雕。"换言之,后起的周朝是依据早先商人的特征与方位,而专称商朝为殷、泛称包括商人的东方民族为夷的。也就是说,殷并不是国号,商朝真正的国号还是商。如果我们再进一步说下去,那么,按照"名从主人"的通例,《史记·殷本纪》就应当订正为《史记·商本纪》;今天河南安阳的"殷墟",也应当改称为"商墟"了。

天命玄鸟,降而生商

既然商朝真正、唯一的国号就是商,我们的问题也就集中了、明确了:商国号是怎么来的? 又是什么意思?

解答这两个问题的关键,是《诗经·商颂·玄鸟》里的八个字:"天命玄鸟,降而生商。"上天命令玄鸟降落到了地面,从而导致了商的出生。《商颂》是周朝时宋国人祭祖时唱的颂歌,宋国是周朝分封的诸侯国,第一位国君是商王帝乙的长子、商朝末代帝王商纣王同父异母的哥哥启,启在商朝时被分封在微(今山东梁山),习称微子启。也就是说,"天命玄鸟,降而生商",是商朝帝王后裔祭祖时唱的颂歌,所以当然是可信的。但这句话里仍有两个疑点：首先，玄鸟是什么鸟？这一点容我先卖个关子，后面再说；其次，玄鸟生出的商，是人、是族、还是地？我们的回答：应该是族。因为商的先祖中没有名字叫"商"的人，鸟也无法生出地。

商族是玄鸟生出来的，有趣吧！这到底是怎么回事呢？《史记·殷本纪》的开头是这样记载的：

> 殷契，母曰简狄，有娀氏之女，为帝喾次妃。三人行浴，见玄鸟堕其卵，简狄取吞之，因孕生契。契长而佐禹治水有功。

也就是说，帝喾选自有娀氏、名叫简狄的妃子，有次沐浴时，恰好有只玄鸟飞临并掉下一颗鸟蛋，出于好奇，简狄捡起鸟蛋吞了下去，然后就怀孕生子了，所生之子，就是商族始祖——契。契长大以后，曾经帮着禹治理洪水，立下了汗马功劳。

吞下鸟蛋自然是不可能怀孕生子的，也许在吞鸟蛋之前，简狄已经怀孕，只是没有觉察罢了；也可能简狄所生之子，只知其母、不知其父，这在人类社会的母系氏族社会时期是常见的，而为了强调契这位始祖的非同一般，所以商人编出了这么个传说。至于为什么非要是吞玄鸟蛋而生子，按照现代民族学理论，这正反映了原始商人的图腾崇拜，即商人是以玄鸟为图腾的，认为自己的父系祖先是玄鸟。

玄鸟又是什么鸟呢？玄有深奥、虚幻、黑色三个基本字义，玄鸟应该就是黑色的鸟吧。乌鸦或者八哥？都不是。按照学者们的考证，这玄鸟有两种说法：一是燕，二是凤。说是燕子，容易理解，燕子上体的羽毛就是黑色的，所以这是占优势的传统说法。当然，说是凤，也有一定的依据。战国大诗人屈原在《天问》中说到商族的起源，有"玄鸟致贻，女何喜"之问，在《离骚》中同样的事情，说法变成了"有娀之佚女（美女）……凤皇既受诒兮"，可见屈原作品中的玄鸟，就是凤凰。另外，楚国隐士接舆曾对孔子唱道："凤兮！凤兮！何德之衰？往者不可谏，来者犹可追。"（《论语·微子》）孔子是宋国贵族之后，也就是商族的后裔，接舆把孔子比作凤，也反映了商族原有崇尚凤的习俗。或许凤凰起初的形象是黑色的，所以称为玄鸟；也可能因为凤凰是许多禽鸟形象的组合，是现实中并不存在的神鸟，所以取玄字的虚幻之意，而称为玄鸟。闻一多先生在《神话与诗·龙凤》中进而认为，凤是原始商人的图腾。

其实，换个思路，也可以说燕子和凤两种说法之间并没有矛盾。首先，按照中国古代最早的词典、最终成书于西汉的《尔雅》的解释，凤也叫燕；凤又是总称，分开来说，雄的称凤，雌的称凰。这样看来，后世的女孩子起名喜欢叫凤，显然是把性别搞错了。其次，按照神话学家袁珂先生的解释，"燕色玄，故称玄鸟。……由一玄色小燕渲染而神化之，遂有如《山海经》及《说文》所写神鸟凤皇之状"（《中国神话传说词典》）。这种解释，看来是比较圆融的。

总之，商族是以玄鸟为图腾的。玄鸟起初是燕子，这是实有的凡鸟，后来经过不断的渲染、美化以至神化，终于变成了凤凰，这是虚构的神鸟。对于这一演化过程，我们可以作这样的理解：当玄鸟指燕子时，玄鸟生商，是指所有的商人都为玄鸟所生，这反映了原始时代的平等观念，此时的商人可能还徘徊在母系氏族社会阶段；当玄鸟指凤凰时，玄鸟生商，指的是商族的始祖契和契以后的首领、帝王为玄鸟所生，大概契的时代，商人已迈向了父系氏族社会阶段，表现之一，便是从契以后，商族才有了比较可信、按父系排列的世系。进一步说，凤凰图腾的形成，又为"商"成为族名进而成为国号奠定了基础。

族名与国号

先说商成为族名。原始氏族的族名，常与他们的图腾相关。图腾（Totem）本是古代印第安人的土语，意思是"他的亲族"，指的是原始氏族的一种信仰。岑家梧先生曾经指出："原始民族的社会集团，采取某种动植物为名称，又相信其为集团之祖先，或与之有血缘关系。作为图腾祖先的动植物，集团中的成员都加以崇敬，不敢损害毁伤或生杀，犯者接受一定的处罚。"（《图腾艺术史》）如美洲印第安人，有狼族、熊族、蛇族等动物族名，也有玉米族、马铃薯族、烟草族等植物族名。与此可以比照的是，大概正是契的时候，在广泛分布着鸟图腾氏族部落的今山东西南部地区，来源于凤凰图腾的商族名出现了。为什么这么说呢？

第一，史籍里记载"契居蕃"（《世本》），蕃大致相当于今山东西南部的滕州市境。

第二，从考古所见今山东西南部的大汶口文化看，许多文物是鸟的造型或有鸟的纹饰，这里正是流行鸟图腾的地区。大汶口文化的年代稍早于契，所以商族应该也不例外，也是以鸟类为图腾的。

第三,还有文字上的坚强证据。我们不妨找出甲骨文中的"凤"字和"商"字进行对比:

甲骨文中"凤"字举例　　　　甲骨文中"商"字举例

很明显,在甲骨文中,凤字的下半部分是鸟身的象形,上半部分则像凤鸟头上的冠羽。而甲骨文中的商字,上半部分也是凤鸟的冠羽,它代表着商人的凤凰图腾崇拜;下半部分好像祭祀用的祭台,或者祭台加上祭祀时念念有词的嘴巴。果然如此的话,这个根据"凤"字创造出来的"商"字,表达的应该就是这样的场景:祭台的上面,放置着神圣的凤凰形象,人们念念有词地祭祀着凤凰——祖先。于是,商字成为族名,这个族名,寄托着商人对父系祖先的象征——玄鸟的尊崇与感激,表达着商人对平安美好未来的向往,宣扬着商人的神奇与强大。可以说,商族名与凤图腾之间,取得了内容与形式的高度统一与巧妙协调。

再说商成为国号。商从氏族名称进而上升为"有天下之号"即国号,是从汤开始的。从契到汤,经历了十四代,时间上大体与整个夏朝相当,而契就曾经担任过大禹治水的助手。随着夏朝统治的逐渐腐败与国势的逐渐衰落,东方的商族却逐渐强大了起来。到了汤的时候,经过十一战,终于灭夏,俘虏了夏的末代君主桀,把桀流放到了南巢,也就是今天的安徽巢湖。夏桀心情郁闷,不久就病死在了那里。汤成为新的最高统治者,并定国号为商。汤为什么要定国号为商呢?这应该有两层考虑:一来,国号为商,可以彰显商族的功绩,突出商已经成为统治民族的地位;二来,由于商来源于凤,而凤是神鸟,据说还是天上与人间也就是天上的天父与人间的天子之间的信使,所以定国号为商,还有神化其政权的特别作用。

隐性传承与精神之鸟

汤所建立的这个带有神秘色彩、又特别迷信鬼神的商朝,延续了五百多年,后为周朝所取代。而因为后来没有哪个王朝沿用商国号,所以一般人都认为商国号在中国历史上没有多大影响,起码比起夏、周、秦、汉、唐等等国号影响要小得多。其实不然,我们可以举出非常有趣的两点为例:

第一,赵匡胤的宋朝是隐性地远承商朝的。我们上面曾经说到,宋朝开国皇帝赵匡胤的父亲名叫赵弘殷,弘是推广、光大的意思,殷是商的他称,"赵弘殷"的字面意思就是"赵家要发扬光大商朝"。具体到赵匡胤本人,做皇帝之前曾经做过宋州归德军节度使,宋州归德军就在古代的商丘今天的河南商丘市,这里又是商朝帝王之后微子启始封的宋国的国都。这些机缘巧合,决定了赵匡胤建国以宋为国号,而且这个宋,还是正儿八经地接续夏、商、周三代的商的。更加重要的是,后来1368年朱元璋的大明,是打着"反元复宋"的旗号成功的;1912年孙文的中华民国,某种意义上又是告慰"我高皇帝"朱元璋、"反清复明"的成功。也就是说,商——宋——大明——中华民国属于一个系统。这样,我们可以认为,在大约公元前1046年商朝灭亡以后,经历了约两千年的隐伏,到了960年赵匡胤建立宋朝,一个新的"商朝"又横空出世了，而且这个"商朝"，还在相当程度上影响了此后将近千年中国国号历史的走向。

第二，凤凰这种神鸟，演化成了中国人的精神之鸟。自从商朝建立以后，作为商族名、商国号来源的凤凰，形象越来越神奇，象征意义也越来越丰富。如《山海经·南山经》中描述道："有鸟焉，其状如鸡，五采而文，名曰凤皇。首文曰德，翼文曰义，背文曰礼，膺文曰仁，腹文曰信。是鸟也，饮食自然，自歌自舞，见则天下安宁。"《说文解字》中又说："凤，神鸟也。天老曰：'凤之象也，鸿前麟后，蛇颈鱼尾，鹳颡鸳思，龙文龟背，燕颔鸡喙，五色备举。出于东方君子之国，翱翔四海之外，过昆仑，饮砥柱，濯羽弱水，莫（暮）宿风穴，见则天下安宁。'"这样的神奇形象与丰富象征，与夏国号来源的餐风饮露、居高鸣远的蝉，已经颇为近似了。发展到后来，凤凰更全面代言了中华文化的品质，凤凰的出现，就意味着顺天道、尚人文、致太平、向光明的祥瑞，凤凰所在，就是道德、美丽、吉祥、善良、宁静所在。而到了今天，与夏朝有关、从原始夏人的蛇图腾演化而来、集走兽形象之大成的龙，已经与集飞禽形象之大成的凤凰形象一起，共同成为中华民族最显眼的符号、最鲜明的象征、最主要的吉祥物。这，也许又是商国号在中国历史上的特殊文化意义吧。

再说大些，如果我们把中国划分为东部与西部的话，那么，源自西部的夏、周、秦、汉、唐等国号，以及龙的文化形象，主宰了中国历史的前半段大约三千年的时间；而源自东部的商以及凤凰的文化形象，深刻影响了中国历史的后半段，也有大约千余年的时间。这就是商朝在中国历史上有待发掘与表彰的特殊地位。

"天命玄鸟，降而生商"，商这只神奇的凤凰展翅遨游了五百多年，然后收翅歇息。"日出而作，日落而息"的农业氏族——周，成了天下新的主人，周是中国历史上第三个中原王朝国号。那么周国号的来源与取义又是怎样的呢？请看下一讲"周：民以食为天"。

第四讲

周：民以食为天

后稷画像

备受称道的周朝

　　说起中国历史上的中原王朝,夏、商、周三代中,夏太久远,而且没有发现确认的夏代文字,所以夏朝的面貌是模糊不清的;商朝在人们的印象中,甲骨占卜的场景、天命玄鸟的歌声,显得是那么地神秘诡异、玄妙空灵,史书里说"殷人尊神,率民以事神"(《礼记·表记》),我们甚至可以说,商朝是中国历史上最迷信的朝代;那么周朝呢?"周人尊礼尚施,事鬼敬神而远之"(《礼记·表记》),给人的感觉是踏实、厚重、规矩、经典,因为这样的形象,所以自古及今,三代中的周朝在后世受到的称道最多。具体都称道些什么呢?

　　一是国运长久。东汉班固的《汉书·地理志》说:"周于三代最为长久,八百余年至于赧王,乃为秦所兼。"国家重点科研项目"夏商周断代工程"发布的周朝年表,则是公元前1046年到公元前256年,合计七百九十一年。简单些说吧,周朝共历三十二代三十七王,大概八百年左右,是中国历史上延续时间最长的中原王朝。这样的王朝当然是值得尊重的。大概也是因为其国运太长久了，加上国势的演变，周朝又被后人分成建都今西安、周天子有名有实的"西周"，建都今洛阳、周天子有名无实的"东周"；东周再被分为以大国争霸、"尊王攘夷"为特征的"春秋"，和以彼此征伐、"合纵连横"为特征的"战国"时代。

二是封建诸侯。周天子大肆分封同姓亲戚、异姓功臣、古先帝王之后以及一些亲顺势力，建立诸侯国。据说周初分封的诸侯国就有七十一个，我们熟知的"战国七雄"中的齐、秦、燕等，就是周初分封的诸侯国；直到今天，我们时常说起的一些地域文化名称，如齐鲁文化、燕赵文化、吴越文化、三晋文化、荆楚文化等等，追根溯源，也多与周朝的封邦建国有关。周朝国运长久，与分封的国家拱卫周室、维护天子的权威有关；周朝的衰弱，也与分封的国家后来各自尊大、彼此征伐、甚至视周天子为无物有关。顺便说一句，"封建"即封邦建国，凡封建必定有封土，如此，周朝才是真正意义上的"封建"社会；而在我们习称的"封建社会"中，从秦朝到清朝，除了汉朝与西晋有过两次"封建"的短暂"回光返照"外，其实并无真正意义上的"封建"。

三是制礼作乐。封邦建国，当然不是建立脱离周天子控制的独立王国；同样，按照周天子分封诸侯的模式，诸侯要给属下的卿大夫分封采邑，卿大夫要给下属的士封以食地。在这样金字塔一样的结构中，为了维持亲疏远近的宗法关系与高低上下的等级稳定，明确彼此之间的权利与义务，规范各自的名分、地位、秩序，防止犯上作乱行为的发生，当然就必须制定一系列严密的制度，建立一整套完善的机构，提倡一连串繁琐的礼仪、道德、规矩、形式，否则就会乱套，这就是所谓的"制礼作乐"，按照现在的话来说，就是精神文明、制度文明，就是政治文明。周朝尤其西周的政治文明，备受后世的推崇。孔子生活在秩序崩溃、已经乱套的春秋时代，所以他感叹"礼崩乐坏"，缅怀"郁郁乎文哉！吾从周"（《论语·八佾》）。儒家从孔子开始，一贯推崇西周的政治文明。以后的历代王朝，要搞托古改制，也无不是以周朝制度、《周礼》模式为样板，甚至自557年到581年南北朝的北周政权、自690年到705年的武曌周朝、自951年到960年五代的后周政权，干脆直接以周为国号；王莽的新朝虽然没有以周为国号，但在篡汉之前，安汉公王莽自居为周公（西周初年，周公辅佐年幼的侄子周成王，王莽则先后立九岁的刘衎、两岁的刘婴为帝），篡汉之后，又一切按照《周礼》进行不切实际的"改革"。由此可见，周朝在中国历史上的深远影响。

四是农业文明。为什么周朝在中国历史上有如此深远的影响？因为"制礼作乐"。周朝的礼乐制度，是建立在黄河流域尤其是黄土高原农业文明基础上的。而说起中国的物质文化、制度文化、精神文化、行为文化甚至心态文化，无疑都是以相互协调的农业、儒家两者为主流、为核心的，所以中国传统文化讲究重农抑商、安土重迁、家族观念、四世同堂，讲究国家统一、重视经验、尊崇传统、托古改制。在这一系列的讲究中，产生于农耕文明土壤、以勤政爱民为特征的儒家，把周朝的文献看作经典，把周文王、周武王、周公看作圣人，把周朝的制度看作完美的制度，把理想的王朝看作是周朝的翻版，如此等等，周朝也就拥有了极为崇高的地位。

有趣的是，支撑起周朝这种崇高地位最坚强、最广泛的基础，正是农业。周族的始祖弃,就是中国的农神后稷,周国号的原始含义就是田野、田间的庄稼,周国号所表达的道理,就是最浅显、也最深刻的"民以食为天"。这都是怎么回事呢?让我们从头说起。

种植庄稼,糊口养命

我们还是先来看看甲骨文、金文中的周字,毕竟这是当时第一手的可信资料,而且非常形象,容易"望文生义"。

在甲骨文中,周字的写法可以分为两种。第一种写法是:

䵷 䵹 䵸

第二种写法是:

田 田 田

多数学者对这两种写法的周字不加区别,都解释为田中种禾的象形;少数更加仔细的学者看出了这两种写法的细微差别,认为第一种边缘伸展不齐的写法,表示"田野种禾";第二种方方正正的写法,表示"田间种禾"。

金文是铸刻在青铜器上的文字。周字的金文写法可以分为三种,前两种与甲骨文相同,也是田野、田间种禾的象形;第三种特别加了个口,如䵹、䵸、䵺。这个口,有人说是表示国家发布政令,有人说是代表种田的人,有人说口就是口,嘴巴的意思,种田糊口的意思。比较而言,这个口的初义,应该就是嘴巴,加口的周字,就是田野、田间种禾养口的意思。

在商、周时代的甲骨文、金文中,与上面的写法相对应,也有简化的写法,如田、周、周、周、周。

　　各种写法的周字,我们都望文生义过了,下面就来讨论一下周字为什么会被造成这样的字形呢？文字发展的规律,是从具象到抽象,从繁琐到简约,从随意到规范,这样,周字应该经历了田野种禾、田间种禾、田野田间种禾养口三个阶段。那纵横的线条,是界划分明的阡陌的象形；那阡陌之间的四个点点,是作物的写意。通俗些说,周就是在田里种植庄稼、糊口养命的意思。自从盘古开天地,三皇五帝到如今,《汉书·郦食其传》里说的"王者以民为天,而民以食为天",也就是国家以民众为根本、民众以粮食为根本,都是颠覆不破的真理。民以食为天,食从何来？除了狩猎、游牧、捕鱼获得的动物性食物外,主要还是通过农耕而收获的植物性食物。所以,开垦土地、种植庄稼、收获谷物、养育百姓,就是"周"字的本义与最初的引申义！而由这层意思再引申,周字又发展出了周济、救济等等的意思。

　　那么问题来了:无论哪个时代的民,都是民以食为天,夏朝、商朝的民也要吃饭,也要种植庄稼、糊口养命,他们的统治者怎么不以"周"作为自己的国号呢？原来啊,周人以"周"作为自己国家的国号,还和这个民族的发家史有着特别的关系呢。

天才农艺师

　　周人的始祖是弃。这名字很奇怪——原来他曾经是个弃儿。

　　按照司马迁在《史记·周本纪》中的记载,有邰氏的女子姜原有一次到野外游玩,偶然看见一只巨人的脚印。姜原心想,这样巨大的脚印,其人一定高大英俊,于是萌生了爱慕之情。出于好奇,她踩到了巨人的足迹上面,不料这一踩,姜原就觉得好像受到了魔力的冲击,腹中产生了怀孕的感觉。这感觉竟然是真的,经过十月怀胎,姜原产下了一个男孩。

姜原踩巨人足迹而怀孕生子的传说,与简狄吞食玄鸟蛋而生下商族始祖契、修己采食薏米而剖腹产下夏族始祖禹的传说,非常接近,应该都是只知其母、不知其父的母系氏族社会的反映。也正是在夏族禹、商族契、周族弃的时代,这些部落开始转变为以男性为中心的父系氏族社会。具体到弃,因为是他在部落中确立了父系传承制度,所以被后来的周人奉为始祖。

这位周族的始祖弃刚生下来的时候,真的被母亲姜原狠心地抛弃过。青春少女不明不白地做了妈妈,连爸爸是谁都不知道,可以想象当时人们的议论。于是,姜原就把孩子扔到狭窄的巷子里,但是奇怪了,巷子中来来往往的牛、马,都绕着襁褓中的孩子而行;姜原又想把孩子扔进山林里,正巧山林里的人很多,没有如愿以偿。姜原狠起心来,干脆把孩子扔到河渠的冰上,不可思议的一幕出现了,天上许多的大鸟飞下来,用翅膀覆盖着孩子,使他不致受冻。至此,姜原终于觉察到,这小男孩肯定不是普通人,一定有神灵在庇佑他,于是又把他抱了回来,决定抚养他长大。因为小男孩被多次抛弃过,姜原就给他取名叫"弃"。

弃果然不同凡响,就像中国当代杰出的农业科学家、享誉世界的"杂交水稻之父"袁隆平一样,可谓当时的天才农艺师。《诗经·大雅·生民》是这样歌咏"推以配天"的弃的:

诞实匍匐，克岐克嶷，以就口食。蓺之荏菽，荏菽旆旆，禾役穟穟，麻麦幪幪，瓜瓞唪唪。

诞后稷之穑，有相之道。茀厥丰草，种之黄茂。实方实苞，实种实褎。实发实秀，实坚实好。实颖实栗，即有邰家室。

这首诗绘声绘色地描述了当弃二三岁时，就有知识与口食之欲，打小就喜欢栽培各种农作物，以种大豆、谷子、苴麻、麦子、瓜果等等作为游戏来玩。在种植技术上，先锄去丰草，再播下种子，收成很好；后来娶有邰氏女而成家室。

弃长大以后，尤其擅长农事活动，爱好农业耕作。他因地制宜，根据土地的不同特性，选种不同的作物；他完善了选种、耕地、除草、施肥等农业生产工艺，因而他种的庄稼，收成总比别人高出很多。他还乐意帮助大家共同致富，经常到各地考察农业生产情况，传授耕种技术。据说尧帝的时候，请弃这位种庄稼好手出山，担任"农师"的官职；接任尧帝的舜帝，更赐予他"后稷"的称号。

后稷这个称号可是非同小可，"后稷"就是"稷王"，那是"农神"的意思。

为什么说"后稷"就是"稷王"、"农神"的意思呢？这要费些口舌解释一下。我们现在经常说"皇后"这个词，皇后是母仪天下的皇帝的正妻，天下地位最高的女人。在学术圈里，博士的夫人，我们也经常开玩笑说是"博后"。其实在早先，"后"是男性统治者的称号，如夏朝的开国君主启,就叫夏后启。再往前追溯,"后"又变成女性了,指的是全氏族的尊母。在只知其母不知其父的上古社会中,生育了本族全部子孙的高母,是理所当然的权威与领袖,其名称就是"后"。等到母权制被父权制取代后,"后"也变成了男性君主,直到被皇、帝、王等专用于男性君主的称号所代替,相应地,"后"又回归为女性的尊称,如"皇后"。至于"稷",原本指的是谷子,去皮后就是小米,是盛产于我国西北地区的一种主要农作物,在当时,稷是一般平民糊口养命的主食,后来引申为庄稼或者粮食的总称。如北京著名的景点社稷坛,就保留了稷的这个引申义。社代表土神,稷代表谷神,有土地、有粮食,然后才能养活百姓,所以社稷就慢慢地成了国家的象征。具体到后稷,大概因为在稷的培育、选种、丰产过程中,弃做出了最大的贡献,所以被尊称为"后稷",被推尊为中国古代的农神。

从族名到天下之号

说了这么多周族的始祖弃也就是农神后稷,这跟周国号又有什么关系呢?关系太密切了:因为稷,该族得名周;因为稷所代表的农业的发达,周族得以壮大,并在古公亶父时建立了一个小国周国;周国又因雄厚的农业经济实力,最终灭了商,成为一统天下的周,而周,也就从族名、小国之号,上升为"有天下"的大号。

我们先来看第一步,从农作物稷到民族名称——周。

上面已经说过了,甲骨文、金文的周字是田野、田间种禾的意思,种禾是为了养口,而那些象形禾苗的田里的小点点,就是以稷为代表的众多的农作物。换言之,周就是在田里种稷的象形字。而从弃被称为后稷也就是稷王的现象看,稷的人工选种与规模种植,应该就开始于弃。所以许多学者据此认为,稷是该族的图腾,是该族的徽号、标志与象征;弃既然是该族的始祖,那么根据稷这个图腾创造出来的周字,很有可能在弃时就成了该族的族名。当时该族的活动地,在今山西的西南部。

我们再来看第二步,从周族到小国周国。

这是一个漫长的过程,等于夏朝、商朝时间的总和,大概有将近千年的时光。在这漫长的时光里,一方面,因为受到动乱以及游牧部族戎、狄的侵扰,周人有过多次大规模的迁徙,在今天甘肃、陕西的许多地方,都曾留下了周人的足迹;另一方面,周人也没有放弃农耕的传统,选育种植的作物品种越来越多,种植技术也在不断取得进步。能够反映这一点的,便是始祖弃以后的不少代,都连任夏朝的"农师",都拥有"后稷"的称号。等到了古公亶父的时候,大约是公元前12世纪吧,周人又迁到了今陕西岐山县东北的岐山脚下。这里本是一片广袤的黄土原野,周人来了以后,又被称作周原。在这里顺便说一句,有种相当流行的传统观点认为,周原是周族名与周国号的来源,这是不对的,是把本末倒置了,证据之一是,在早于古公亶父的殷墟甲骨文中,就已经出现了周这个族名。

周原是个好地方,著名历史地理学家史念海先生说:

它北倚崔嵬的岐山,南临滔滔的渭河,千河逶迤经过西侧,漆水河蜿蜒纵贯东西,包括凤翔、岐山、扶风、武功四县的大部分,兼有宝

鸡、眉县、乾县、永寿四县的小部分,东西延袤七十余公里,南北宽达二十余公里,顺着渭河成为西北东南走向。(《周原的变迁》)

当时的周原由于侵蚀尚未显著,原面完整而少有破碎,河谷较浅,水源丰富,气候温和,植被茂盛,是一个适于农业经营的好地方。(《周原的历史地理与周原考古》)

正是在这里,古公亶父率领着族人划亩治堤、筑城立庙、设官分职、组织政府。周族发展到这时,无疑已经建立了国家,古公亶父后来就被追尊为太王,周人尊奉为周国的奠基者。也就是说,古公亶父时代,周已经由族名上升为国号了,只是这时的周国,还只是中原王朝商的一个西部邦属小国而已。然而也正是以周原为根据地,周逐渐强盛了起来,并走上了"有天下"的征程。《诗经·鲁颂·闳宫》就说:"后稷之孙,实维大(太)王。居岐之阳,实始翦商。"以周原雄厚的经济力量为基础,古公亶父领导周人开始了"翦商"的伟业。

第三步,从小国周到周王朝。

周灭商的伟业,历经艰难险阻、曲折起伏。如古公亶父的儿子、商王任命的"牧师"季历,是被商朝囚禁致死的;季历的儿子姬昌,虽被商王任命为"西伯"也就是西方诸侯的老大,但也曾遭商朝的囚禁,在被囚禁的七年里,大概是受到了商人甲骨占卜传统的影响,姬昌演绎六十四卦,以排遣烦恼,因为姬昌后来被追尊为周文王,这六十四卦又是推究事物的吉凶变异的,所以称为《周易》,这可是一部惊天地、泣鬼神的旷世奇书。也是在姬昌时,周国的中心迁到了河渠纵横、土地肥沃的丰邑,即今陕西西安市一带。再到姬昌的儿子、也就是古公亶父的曾孙姬发时,终于在姜尚等人的辅佐下,经过牧野决战,灭了商朝。从此,周国就变身成了周朝,周国号也从地方性的国号,摇身一变,成了天下的共号,并历时八百年左右。

牧野决战是周灭商的关键一战,此战事关周国号成为天下共号的确切年份,事关周朝在中国传统历史纪年中的开始年份,所以值得多说几句。

第一,牧野在哪里? 牧野在商朝末期别都朝歌的近郊,即今河南淇县的西南。

第二,牧野决战在哪一年? 这件事很麻烦。两千多年来,中外学者形成了至少四十四种结论,最早的为公元前 1130 年,最晚的为公元前 1018 年,前后相差了一百一十二年,历史的扑朔迷离由此可见一斑。而 1996 年启动由国家投入大量资金的"夏商周断代工程",通过关键性考古遗址的 14C 测年、甲骨文日月食、金文历谱以及文献记载的综合研究,在 2000 年时选定了牧野之战的"最佳年代"为公元前 1046 年,甚至具体到了公元前 1046 年 1 月 20 日为决战之日。遗憾的是,这大把的金钱换来的这种说法,仍然没有获得公认,有些学者更是酸酸地称之为第四十五种说法。

第三,牧野决战是怎么打的呢? 这可以看看著名的神魔小说《封神榜》。虽然实际的情况远没有小说中描写得那么神乎其神,不过这场周灭商的决战确实精彩。姬发这边,战车三百辆,虎贲勇士三千人,穿戴盔甲的战士四万五千人,参与战斗的其他各路诸侯的军队,则有战车四千辆,商纣王临时拼凑的军队则有吓人的七十万。然而这力量悬殊的双方刚一接战,充当纣军前锋的奴隶兵便调转方向,前徒倒戈,于是形势急转直下,商纣的部队叛变的叛变,投降的投降,逃跑的逃跑,姬发的联军则勇猛异常、势如破竹,短短的一两个小时内,商纣的几十万大军就土崩瓦解了。这样不可思议的情形,是不是与383年东晋、前秦之间的淝水之战非常相似呢? 我们只能理解成正义战胜邪恶吧! 这邪恶的商纣王眼看大势已去,竟然撒手不管,驾车飞奔回朝歌宫廷,抱着一堆珍珠财宝,自焚而死。第二天,姬发庄严宣告:"膺更大命,革殷,受天明命。"(《史记·周本纪》)姬发也就是后来的周武王的这句话,标志了商朝的灭亡、周朝的建立,而周这个地方性的国号,也开始了它作为统一的中原王朝国号的历史。

重农的特征

以上我们回顾了周朝建立以前千年左右的历史,从中可以深刻地感触到,作为国计民生的基础,农业的地位是多么重要! 因为天才的农艺师弃,驯化蓺植了众多作物,于是象形田里庄稼、糊口养命的周字,成为这支民族的族名;因为弃的后代秉承着先祖的优良传统,继续发展农业,于是经济实力越来越雄厚,先是建立了地方性的周国,再是建立了统一天下的周朝。据此,我们可以这样认为:周朝建立以前的漫长历史,正是农业作物不断丰富、农耕技术不断精进、土地不断垦辟的历史;以此为基础,周族的经济趋向繁荣,周族的文化趋向昌盛,周族的政治趋向完备,周族的武力趋向强大,周逐渐由蕞尔小邦蔚为强盛大国,并最终成为天下之主。而以周称其族名、国号乃至"有天下之号"，以标志其特别善于农耕、特别重视农业的特征，也就再恰当不过了！

周族的成功，在于懂得民以食为天的道理，在于重视人民胜过重视鬼神；比较而言，商朝的灭亡，在于过分迷信神秘的占卜，在于重视鬼神胜过重视人民。这就是商、周的改朝换代给予后人的启示吧。而接下来的周、秦改朝换代，给予我们的启示更加深刻：只有国富民强，才能成为最后的胜利者。雄霸天下的秦国，就是国富民强的典型。那么如何理解这样的启示呢？秦国号又是怎么回事？请看下一讲"秦：马倌的传奇"。

秦：马倌的传奇

荆轲刺秦图(汉画像石拓片)

将近三千年的秦史

上一讲我们说到，周是中国历史上国运最为长久的王朝，历时八百年左右；这一讲我们要说的秦，是接着周出现的中原王朝。秦朝与周朝恰成对比，是国运最为短促的统一的中原王朝之一，从公元前 221 年到公元前 206 年，只有十五年。

然而为了这短至十五年的秦朝的修成正果，秦人在血与火的熔炉里锻炼了六百多年。这六百多年，我们可以称为秦国史；秦朝灭亡后，这粒正果的肉虽然没有了，种子却还存在，并且长成了参天的大树，直到两千多年后的今天，还是枝繁叶茂、浓荫蔽日。这两千多年，我们可以称为秦后史。如此，秦史的理解，也就包含了秦国史、秦朝史、秦后史三大块，三大块加在一起，则有将近三千年的历史。

历时六百多年的秦国史，那是艰难曲折、努力进取的漫长岁月，秦人从天子的马倌，终于成长为战国七雄中最令人恐怖的猛虎。

历时十五年的秦朝史,那是从不可一世的辉煌,到灰飞烟灭的惨烈的转瞬之间。在辉煌的时刻,秦始皇帝嬴政建立起了中国历史上第一个统一的、多民族的、专制主义的中央集权制国家。这个国家的最高统治者称皇帝,这是嬴政自认为他德比三皇、功过五帝而创造出来的全新称号,从此,中国历史上的最高统治者,无论聪明还是愚笨、仁慈还是暴虐,就都叫"皇帝"了,嬴政,则是中国历史上的"始皇帝",而我们平常习称嬴政为"秦始皇",那是欠妥的,因为缺了不可或缺的"帝"。这个国家否定世卿世禄,废止封邦建国,确立了中央的三公九卿制度与地方的郡县行政制度。这个国家车同轨、书同文、行同伦,统一货币,统一计量单位,统一道路规格,甚至企图把天下的黎民统一成只知种田打仗的愚民。这个国家疆域所至,都是皇帝一人的直属领地,"溥天之下,莫非王土;率土之滨,莫非王臣"(《诗经·小雅·北山》)的理想终于变成了现实。这样,秦始皇帝完成了中国历史上第一次真正意义的统一。然而,也是这位秦始皇帝,焚书坑儒,进行绝对的思想控制;严刑峻法,实施残暴的野蛮统治;大兴土木,修阿房宫、骊山陵墓、长城、驰道、灵渠,远远超出了社会的承受能力,人民根本无法负担。所谓"苛政猛于虎",秦朝的苛政很快就使得久经战乱、盼望太平、亟待休息的民心丧失,以至民怨沸腾。在那惨烈的时刻,嬴政尸骨未寒,天下已经鼎沸,陈胜、吴广既斩木为兵、揭竿为旗,被秦国灭亡的六国旧贵族们也乘机起兵,以图兴亡继绝;而咸阳的秦朝宫廷之内,先是宦官赵高杀左丞相李斯、秦二世胡亥,胡亥的侄子秦王子婴又杀赵高。在这内外的煎熬之中,不到三年,秦朝就灰飞烟灭、成为历史了。

　　然而秦朝的成为历史，只是成为了传统历史纪年中的历史；从真正的历史事实来说，秦朝的影响悠远绵长，至今都没有成为历史。由小处说，如秦朝灭亡后，项羽分封三位秦朝降将章邯、司马欣、董翳在关中为雍王、塞王、翟王，合称"三秦"，"三秦"后来也成为今陕西关中地区的别称。如五胡十六国时，先后出现了前秦、后秦、西秦三个国家，他们的国号都叫秦，都以秦国或秦朝为继承对象。再如陕西关中平原，至今号称"八百里秦川"，这里是孕育秦国、诞生秦朝的一片伟大土地。再往大处说，中国至今仍是统一的、多民族的伟大国家，如何治理这样的国家，秦朝留下了许多经验与教训、许多智慧与遗产。这就是我们所说的历时两千多年的秦后史。那么如何理解秦后史呢？清末谭嗣同说"二千年来之政，秦政也"（《仁学》）；民国夏曾佑说"中国之教，得孔子而后立。中国之政，得秦皇而后行。中国之境，得汉武而后定。三者皆中国之所以为中国也。自秦以来，垂二千年，虽百王代兴，时有改革，然观其大义，不甚悬殊"（《中国古代史》）；毛泽东说："历代皆行秦政制。"又不仅中国人是这样认识的，老外的看法也差不多。如美国著名历史学家费正清（John King Fairbank）、赖肖尔（Edwin Reischauer）在《中国：传统与变革》中指出："秦始皇根本不能建立一个传之万世的王朝，但他所建立的帝国制度，虽偶有间断，却一直延续了两千多年，被证明是世界上最持久的政治制度。……秦的名称 Chin，很恰当地成为中国在西方文字中的名称 China 的来源。"

　　费正清、赖肖尔这段话中的最后一句，即秦的名称是西方文字中 China 的来源，尤其值得我们注意。依据学者们的考证，"中国"的 China 来源于秦,而不是社会上广泛流传的来源于瓷器,虽然瓷器也称 china,但"瓷器"的 china 是来自"中国"的 China 的。这就仿佛有些西方人士喜欢北京烤鸭,于是在英语中,直接以 Pekin 也就是"北京"称呼"烤鸭",我们总不能说"北京"来源于"烤鸭"吧。搞清楚 China 与秦的这层关系是很重要的,往前说,China 也就是汉字音译的"支那",来自先秦时的秦国,这样的称呼能够在西方与东方长期延续下来,又因为虽然短促、但也伟大的秦朝。往后说,China 汉字意译为"中国",那么,起码在称呼上,我们现代全体的中国人都是"秦人"。作为"秦人",我们当然应该了解秦国号的来源与取义。

下面,就让我们说说这历史悠久、声名远扬、影响深远的秦国号。

喂马的草料

关于秦国号的来源取义,按照我们前几讲中推究夏、商、周国号的习惯做法,关键仍是要搞清楚秦字的本义。在东汉许慎的《说文解字》中,给出了秦字的两种解释:一是"伯益之后所封国";二是"禾名"。伯益就是益,我们在讲夏国号时提到过他,他是大禹治水的助手,后来给大禹的儿子启杀了;秦人认伯益为祖先,所以秦是"伯益之后所封国"。至于秦为禾名的解释,非常明了,是说秦为一种禾的名称。

国号与禾名,哪个是秦字的本义呢?我们的回答,应该是禾名。

首先,秦字列在《说文解字》的禾部,禾是表意的符号。

其次,我们再看看秦字本来的写法。这里是从早到晚的四种字体,即商朝甲骨文、西周金文、秦国大篆、秦朝小篆的秦字：

其中大篆、小篆的上部以及小篆的下部已经变形，所以我们分析一下甲骨文、金文的秦字本形。在甲骨文、金文中，下部并列的两个禾字（秝），好像密植丛生的禾苗；上部中间好像宝葫芦一样的字符，表示朝天生长的禾穗；上部左右好像爪子的一对字符，表示用双手收获。简单些说吧，秦字的本义是禾，而且是一种密植丛生、禾穗朝天的禾。

　　秦这种密植丛生、禾穗朝天的禾，究竟是什么植物呢？雒江生先生经过实地考察，在《秦国名考》(1994)一文中指出，秦就是民间叫做草谷、毛谷的禾本科优质牧草猫尾谷（猫尾草）。这种牧草，习惯冷凉湿润的气候，高约一米左右，生长年限一般在六年到七年，也有达到十年到十五年的。亩产量以青草算，在一千六百公斤到二千五百公斤。种植的方式与用途是，撒下种子，不间苗，也不锄草，让它密植丛生，等到秋天成熟后收割回来，铡成草节，喂养牲畜；或者晒干储存，牲畜吃不上青草的时候再铡碎，饲养牲畜过冬。骡和马最喜欢吃这种牧草，羊不能多吃，吃多了容易引起羊的食欲衰退。由于这种牧草的穗子朝天生长、细细长长的样子，有些像翘起的猫尾巴，所以也叫猫尾草。今天，猫尾草在我国西北、东北、华北地区还有种植，尤以甘肃天水一带的猫尾草产量高、品质优。

　　说了这么多秦的古字写法，考证了秦原来就是喂骡子喂马的草料，朋友们也许会心生疑问：这喂养牲口的草料——"秦"，怎么就成了国号呢？回想我们说过的周，因为周是田里种禾养口、关乎"民以食为天"的大事，所以周成了族名与国号，这似乎还不难理解；那么，秦这种与人类口腹之欲无关的牧草,为何也能堂而皇之地成为国号呢?原来,这和秦人立国的历史有着密切的关系。

天子的马倌

秦人立国,始自非子。据《史记·秦本纪》记载,非子住在犬丘,也就是今天的甘肃天水市与礼县一带,特别善于养马。周孝王听说以后,就把非子招来,让他为王室养马。非子在汧、渭之间也就是今天的陕西宝鸡市一带努力工作,不仅马养得膘肥体壮,而且繁殖率很高。于是周孝王对非子说:

> 昔伯翳为舜主畜,畜多息,故有土,赐姓嬴。今其后世亦为朕息马,朕其分土为附庸。

意思是说,从前你的祖先伯益为舜帝主持驯养牲畜,牲畜繁育得很多,所以舜帝赏给他土地,又赐他姓嬴。现在你为朕养马,而且养得这样好,朕就分给你一块土地,做个附庸小国吧。

由司马迁《史记》的这段记载,我们知道了在公元前 9 世纪初的时候,非子这位周天子的马倌因为马养得好,既提高了周朝的军事力量,也取得了巨大的经济效益,所以得到了周孝王的赏识,获得了分封,建起了一个附庸小国。这个附庸小国,就是秦国最初的政治实体,建立的时间大致相当于公元前 891 年到公元前 886 年之间,国号就叫秦。为什么叫秦呢？就因为秦这种牧草。

当时称为秦、现在称为猫尾草的这种牧草，今天看来，不过是种普通的饲料作物，可谓微不足道；但在近三千年以前，在非子种植它的时代，问题就不那么简单了。在那个时代，"秦"也曾经是一种了不起的饲料作物，非子正是利用天水、宝鸡一带优越的自然条件，大量种植这种牧草，才使他的养马事业得到了蓬勃的发展，并因此受到了周天子的嘉奖。可以肯定地说，如果不是饲料问题解决得好，即使"非子们"有超人的饲养技术，要使马匹膘肥体壮、剽悍强健、大量繁殖，恐怕也是难以做到的。换句话说，天子脚下地位卑微的"弼马温"非子，正是靠着种"秦"养马，才不可思议地改变了身份，成为周天子分封的附庸小国的开国者。为了标志这立国的根本，为了纪念这份荣耀，就把国号叫做"秦"。当时的非子肯定不会想到，自己这位"弼马温"的后代，竟然像孙猴子"大闹天宫"一样，后来上演了一出"大闹中华"、统一天下的好戏；当时的周孝王也肯定不会想到，他的王朝，后来竟然就毁在了他这个马倌的后人手上。

在这里，我们可以接着再问一个问题：为什么非子这么会种牧草、这么会养马呢？答案仍在周孝王对非子说的那句话："从前，你的祖先伯益为舜帝主持驯养牲畜，牲畜繁育得很多。"在传说中，非子的祖先伯益就是位畜牧专家，《史记·秦本纪》说他"佐舜调驯鸟兽，鸟兽多驯服"；《汉书·地理志》说他"养育草木鸟兽"，担任过舜帝的"虞"官。这"虞"官，按照后代的叫法，就是林业部牧业部大臣。这样的传说，无论确切与否，起码反映了非子部族本是游牧部族，其养马的本领，当然远远超过善于种田的农业部族周族。会养马的非子部族,还是驾驭马车的能手。传说中非子的祖先费昌、孟戏、中衍,都是商王的车夫,造父则是西游昆仑山、拜会西王母的周穆王的车夫,造父驾驭八匹骏马拉的马车,能在高山峡谷中飞驰。这些传说,无疑反映了非子出身于"养马世家",他的祖上就以善牧善驾著称。

总之,通过上面的讨论,我们知道了后来拥有虎狼之师的诸侯大国秦国、不可一世的统一王朝秦朝、中国称为 China 的源头秦字,最初竟然是个位卑地狭的附庸小国,其国号竟然是看似不值一提的牧草!这奇怪吗?如果我们把眼界放宽一些,这样的情形其实并不少见。在世界各地不同的语言中,巴西意为红木,喀麦隆意为大龙虾,马里意为河马,西班牙意为野兔,文莱是芒果,列支敦士登是发亮的石头。至于一般的地名,以物产命名的就更多了,如安徽的铜陵、辽宁的铁岭、江苏的锡山;在藏语中,柴达木是"盐泽"的意思;在维语中,克拉玛依是"黑油"的意思。再有,2007 年云南的思茅市因为要打普洱茶的牌子,改成普洱市,更是我们刚刚经历的事情。所以,以物产命名地名甚至国号,本是常见的现象,按照地名学术语,这还叫特征命名法呢,而且往往效果很好。具体到非子的小国,也是这么回事,因为秦这种牧草对于非子这个小国就是重要的特征,所以国号为秦。

从马倌到皇帝

说到这里,有必要正本清源一下,后世还有两种有趣的"拆字"说。

一种拆法说：秦是"三人持禾"，三个人手里拿着禾苗，至于拿着禾苗干什么，不知道。这种拆法，有点靠近秦国号来源取义的真相。另外一种拆法：秦是由"春"字字头、"秋"字偏旁合成的，寓意春秋循环，这倒是与秦始皇帝的愿望"朕为始皇帝，后世以计数，二世三世至于万世，传之无穷"（《史记·秦始皇本纪》）显得相当吻合，只是这种拆法，很明显是牵强附会，而且谁不知道秦朝匆匆、只有十五年的寿命呢？这里就不细说了。

需要进一步说明的是，毕竟对于大多数人来说，非常陌生的是非子的秦国，非常熟悉的是秦始皇帝嬴政的秦朝。那么，秦又是怎样从非子的西陲小国，变成了嬴政的统一王朝的呢？罗马城不是一日建成的，从秦国到秦朝，也经历了三十多代人、六百多年的不懈努力。这整个的过程，我们当然没有时间展开细说，只能列举其中几个标志性的人物与标志性的年代：

公元前 824 年，周宣王以秦仲为大夫，让他组织力量打击西戎。大夫的级别，高于附庸、低于诸侯，拥有世袭的封地。司马迁的《史记·十二诸侯年表》中，秦就始自秦仲。

公元前 770 年，因为护送周平王东迁雒邑也就是今天的洛阳有功，秦襄公被封为诸侯，秦成了诸侯国的国号。周平王还把今陕西岐山以西之地赐给了秦襄公，所谓"戎无道，侵夺我岐、丰之地，秦能攻逐戎，即有其地"（《史记·秦本纪》），所以这实际上是张空头支票。但这张空头支票是很有用处的，它为秦国日后的开疆拓土提供了正当的理由。

公元前 623 年，经过将近一百五十年的努力，秦穆公终于在五张羊皮换来的怀才不遇、沦落为奴的虞国人百里奚的帮助下，在西戎使者由余的谋划下,灭国十二,拓地千里,独霸西戎,成了西方的霸主。

自公元前361年到公元前338年秦孝公在位期间,卫国人公孙鞅入秦主持变法。公孙鞅就是商鞅,因为秦孝公赐他商於之地,所以又称商鞅。商鞅变法,编制户籍,什伍连坐,奖励农战,革除陋习,秦国因此“民以殷盛,国以富强”(《史记·李斯列传》),逐渐成为“虎狼之国”(《史记·屈原列传》),东汉的王充说:“商鞅相孝公,为秦开帝业”(《论衡·书解篇》)。商鞅变法,奠定了秦国后来平灭东方六国的坚实基础。

公元前247年,十三岁的秦王嬴政即位。公元前238年,嬴政亲政,嬴政就是后来的秦始皇帝。嬴政雄才大略而又残暴冷血,有人说这与他的身世、长相有关。嬴政到底是秦庄襄王异人与赵姬的孩子,还是吕不韦与赵姬的私生子,一直是桩难以解决的公案。嬴政的长相,《史记·秦始皇本纪》中有描写:“蜂准,长目,挚鸟膺,豺声”,也就是凹陷的马鞍鼻,细长眼,鸡胸,说话声音怪异。学者们推测,嬴政大概患有软骨病,因而胸廓、鼻梁的形状发生变异,胸、鼻的畸形,又造成气管炎的经常发作。如此的身世不明、长相丑陋,使得嬴政自卑、压抑、多疑、暴躁,“少恩而虎狼心”。然而也正是这虎狼一般的嬴政,在楚人李斯、魏人尉缭、秦人白起、王翦等文臣武将的辅佐下,从公元前230年开始,十年之间,先后吞并了韩、赵、魏、楚、燕、齐六国。于是公元前221年,中国历史上第一个真正的统一王朝秦朝建立了,秦这个国号,也实至名归地成了当时“中国”的共号。

公元前207年,秦从帝国国号又下降为王国国号,这是赵高的主意。当时,项羽已经在巨鹿大败秦军主力,刘邦的军队正杀向关中。赵高对大臣们说："秦故王国，始皇君天下，故称帝。今六国复自立，秦地益小，乃以空名为帝，不可。宜为王如故。"(《史记·秦始皇本纪》)于是立秦二世胡亥的侄子子婴为秦王。次年，秦王子婴投降刘邦，后来又为项羽所杀，秦朝灭亡。

"马上"与"马下"的启示

回顾以上从秦国到秦朝、再从秦朝到秦国的沧桑岁月，真是令人唏嘘不已！秦人从政治起点很低的周天子的马倌，步步攀升，最后成为君临天下的始皇帝，创造了空前的传奇。秦人的成功传奇，在于发挥优势。如非子秉承部族的传统，为周孝王精心养马，于是一跃而为附庸；在于抓住时机。如秦襄公出兵勤王，救周平王、送周平王，于是一跃而成诸侯；在于找准方向。如秦穆公在谋求东进争霸失败后，及时转而向西扩张，于是一跃而为西方的霸主；在于彻底改革。如商鞅变法，重视农战，富国强兵，于是一跃而成"战国七雄"中最强的一雄；在于勇猛出击。如李白《古风》诗中所云的"秦皇扫六合，虎视何雄哉！挥剑决浮云，诸侯尽西来"；在于引进人才，借天下之智。秦国本身人才资源有限，所以敞开胸怀，招贤纳士，诸如百里奚、由余、公孙鞅、张仪、甘茂、范雎、尉缭、李斯等各国精英，都在秦人崛起的传奇中，作出过重要的贡献。

然而归根结底，秦人的成功，还在"马上打天下"的成功。秦人善于养马、驯马、驾马，秦人本是游牧部族出身，秦人的文化底色中，马是最为浓重的色彩，我们读《诗经·秦风》，很容易感受到秦人的车马之好。如

"有车邻邻,有马白颠",车儿驶过响辚辚,驾车马儿白额顶;如"驷骥孔阜,六辔在手",四匹黑马肥又壮,六根缰绳手里垂。这样的秦人,就像后来的蒙古骑兵横扫亚欧大陆一样,金戈铁马,扫荡六合,兼并天下,成就了一段亘古未有的兵马传奇。这样的兵马传奇,我们看看1974年重见天日、被誉为"世界第八大奇迹"的西安临潼秦始皇帝陵兵马俑,就能获得形象、鲜活、真实、全面的理解,那威武雄壮的秦兵马俑,不正是两千多年前秦国征服天下的梦幻军团的写照吗?如此,以秦作为秦人的附庸国号、诸侯国号、帝国国号,真可谓名实相副!可以说,没有马,便没有国家的秦,而没有牧草的秦,也便没有马!

更加值得我们深思的是,以马立国、以马打天下进而以马得天下的秦人,也是以马失天下的。杜牧那首传诵千古的《阿房宫赋》说:"灭六国者,六国也,非秦也;族秦者,秦也,非天下也。"关东六国,连鸡不能并飞,所以被秦各个击破;至于秦为什么失天下?则是秦人太相信战马嘶鸣的力量了。固然,在打天下时,农业民族不敌游牧民族,战马总是胜过耕牛;但是,到治天下的时候,耕牛就比战马更加重要,下马牵牛才是正道,秦人就少了或者迟了这样的转变。回想当年,秦亡汉兴,汉高祖刘邦起先讨厌儒生,自负地说道:"乃公居马上得之,安事《诗》、《书》!"天下是老子在马上打下来的,这些《诗》、《书》管个屁用!儒生陆贾说道:"居马上得之,宁可以马上治乎?……向使秦以并天下,行仁义,法先圣,陛下安得而有之?"(《史记·郦生陆贾列传》)陆贾的意思是:在马上得天下,难道可以在马上治天下吗?假若秦得天下以后,实行仁义政治,效法古圣先王,陛下您还有机会得到秦的天下吗?刘邦大悟,遂推行仁政,重视农业。后来，汉武帝更是罢黜百家，独尊儒术，于是西汉、东汉才有天下四百零六年。

这有天下四百余年的汉，国号较之得自牧草的秦，就富有文化色彩多了。是什么样的文化色彩呢？请看下一讲"汉：愤怒中的安慰"。

第六讲

汉：愤怒中的安慰

刘邦祭孔图

三句豪言壮语,一首大风歌

　　提到汉国号,诸位不仅不陌生,而且还非常熟悉。汉族这个称呼,就来源于汉国号。而由汉族这个族称,在当今的社会生活中,汉又成了使用频率特别高与使用场合特别多的一个字眼,如汉人、汉字、汉语等等,不胜枚举;国外有关中国的学问,也称汉学。可以说,对于中国的历史与文化来说,"汉"无疑是最鲜明的记忆与最显眼的符号。这种记忆与符号,最初又是以国号的形式表现出来的。道理明摆着:没有汉国号,哪来的汉族称? 而没有汉高祖刘邦,又哪来的汉国号呢?

　　下面就让我们从刘邦说起,探寻汉国号的来源、取义与影响。

　　说起中国历史上的创业大帝,汉高祖刘邦这位平民大皇帝是无人不知的;但真正知道刘邦的人,可能也并不多。如"刘邦"的名字问题,就值得说说。本来,在家人、朋友圈内,以及当时的社会上,大家都习称他为"刘季",也就是"刘三"、"刘家老三"的意思,他的两个哥哥叫刘伯、刘仲,是刘家老大、刘家老二的意思。大概是在公元前202年刘季称帝时,他手下的萧何、张良一帮高参,才为他斟酌出"邦"这个美名。邦是比"国"还要大的字眼,《说文解字》段玉裁注说:"邦,国也。大曰邦,小曰国。"其实想想也可以理解,都做皇帝了,如果还叫"刘季",那成何体统?而从此以后,"刘邦"也就固化为汉高祖行之于后世的"大名"了。当然,以下为了方便起见,我们还是称刘邦。

刘邦创立的汉朝,是继秦朝以后出现的又一个统一王朝。曾经强大的秦朝,十五年就灰飞烟灭了。秦朝的短命,由三句豪言壮语可以得到理解。

贫苦农民陈胜在大泽乡起义时,激励一帮弟兄们说:"王侯将相宁有种乎!"(《史记·陈涉世家》)

秦朝小吏、半侠半盗的刘邦,在咸阳看到秦始皇帝嬴政出巡的壮观景象,忍不住赞叹:"嗟乎,大丈夫当如此也!"(《史记·高祖本纪》)

楚国贵族之后项羽,在江东看到秦始皇帝嬴政备极尊贵的样子,也是脱口而出:"彼可取而代也!"(《史记·项羽本纪》)

由此可见,天下虽然统一了,但并不太平,酷虐残暴、劳民伤财的秦朝,正是被陈胜、项羽、刘邦这些具有雄心壮志的人推翻的。有趣的是,这三位都是楚人。

楚人善歌。当陈胜谋划举事时,他暗中指派楚人吴广于夜里发出阵阵狐鸣:"大楚兴,陈胜王!"(《史记·陈涉世家》)当项羽"霸王别姬"时,他慷慨悲凉地唱道:"力拔山兮气盖世,时不利兮骓不逝。骓不逝兮可奈何!虞兮虞兮奈若何!"(《史记·项羽本纪》)而当刘邦驾崩之前回故乡时,酒酣之际,他击筑而歌:"大风起兮云飞扬,威加海内兮归故乡,安得猛士兮守四方!"(《史记·高祖本纪》)然则,陈胜率领九百戍卒起义的政治追求,项羽归咎时运不济的失败原因,以及刘邦得为布衣皇帝的成功之道,由这些楚歌中,我们当能获知大概。

秦亡汉兴。如果说秦朝是强大而短命的,那么汉朝就是伟大而持久的。"罢黜百家,独尊儒术",汉朝实现了思想的大一统,而其确立的以儒术为统治思想、以经学为学术核心的原则,传承了两千多年;汉朝的制章立典、开疆拓土,则奠定了此后两千多年中国历代王朝政治体制的基本格局与广袤疆域的基本规模;又张骞凿通西域,汉朝开创了中外经济与文化交流频繁的空前时代;至于从刘邦到刘秀再到刘备,从统一的帝国到中兴的帝国再到偏安的王朝,汉朝的国运虽有间断(王莽的新朝)与衰弱(魏、汉、吴三国的分裂),却也延续了漫长的四百多年。

两次违约及其结果

那么,这个伟大而持久的汉朝,最初又是如何建立的呢?说起来有些尴尬:原来,项羽与刘邦彼此之间的两次违约,竟然造就了"汉"为王国之号与"汉"为帝国之号的结果。

先说第一次违约。这是项羽对刘邦违约,因为这次违约,出现了汉王国。

公元前206年二月,西楚霸王项羽主持分封,沛公刘邦被立为汉王,这是汉国号开始出现的年份。刘邦是怎么被封为汉王的?东汉班固的

《汉书·萧何曹参传》中有一段比较详细的记载：

> 初，诸侯相与约，先入关破秦者王其地。沛公既先定秦，项羽后至，欲攻沛公，沛公谢之得解。羽遂屠烧咸阳，与范增谋曰："巴、蜀道险，秦之迁民皆居蜀。"乃曰："蜀、汉亦关中地也。"故立沛公为汉王，而三分关中地，王秦降将以距汉王。汉王怒，欲谋攻项羽。

这段史料并不难理解，而其背景是，公元前209年，阳城（今河南方城县东）人、戍卒陈胜起义反秦，"号为张楚"（《史记·陈涉世家》）。"张楚"是张大楚国的意思。为什么一定要"张楚"呢？楚是春秋战国时的南方大国。二十年前的公元前229年，楚怀王熊槐入秦谈判，被背信弃义的秦国扣留，后来就死在了秦国，这颇令人同情，范增就说："夫秦灭六国，楚最无罪。自怀王入秦不反（返），楚人怜之至今。"当时社会上也流行着"楚虽三户，亡秦必楚"的预言（《史记·项羽本纪》）。况且天下苦秦暴政，于是陈胜首义后，得到了各路人等的纷纷响应。其中，沛县丰邑（今江苏丰县）人、秦朝小吏、泗上亭长刘邦与县吏萧何、狗屠樊哙、吹鼓手周勃等在沛县起义，杀死沛令，自称沛公，也就是沛县县令；下相（今江苏宿迁市西南）人、战国时楚国名将项燕之子项梁与其侄项羽则在吴（今江苏苏州市）杀死会稽郡守起事，项梁自为郡守，项羽为副将。等到陈胜被车夫庄贾谋杀后，项羽、刘邦两支义军逐渐成为反秦的主力，并找到流落民间、为人牧羊的楚怀王之孙熊心，拥立为主，仍称"楚怀王"。公元前207年，项羽破釜沉舟，在巨鹿一战中消灭了秦军主力，并被推举为诸侯统帅。次年，刘邦入关，接受秦王子婴的投降，秦朝宣告灭亡。

共同的敌人秦朝，在陈胜、项羽、刘邦这帮楚人的打击下灭亡了，但项羽、刘邦之间却产生了尖锐的矛盾。这是怎么回事呢？

原来，按照当初楚怀王与项羽、刘邦等人的约定，"先入关破秦者王其地"，那么刘邦应该被封为关中王，然而作为诸侯统帅的项羽却违背了约定，改封刘邦为汉王。汉王的封域在汉中与巴、蜀，也就是今天的陕西汉中地区与四川、重庆的部分地区，相对于周、秦故都所在的富庶的关中，这里的位置相当偏僻。项羽对立有大功的刘邦仿佛流放罪人一样的"酬劳"，的确是太过分了，刘邦的愤怒也实属正常。至于项羽"蜀、汉亦关中地也"的说法，则是属于强词夺理、玩弄概念的狡辩。因为战国秦汉时最为习用的关中概念，是《史记·货殖列传》中所称的"关中自汧、雍以东至河、华"，即指今天的陕西关中地区，而汉中、巴、蜀不在其内。

其次，不仅如此，在项羽主持分封的包括灭秦有功将领、旧六国贵族以及秦朝降将的十八诸侯王中，他最不放心的就是因"约法三章"（杀人者死，伤人及盗抵罪）而得到关中百姓拥戴的沛公刘邦。在项羽看来，他要取代已经假意推尊为楚义帝的楚怀王、成为新的楚帝的最大障碍，就是刘邦。有鉴于此，项羽一方面自立为西楚霸王，建都彭城（今江苏徐州市），拥有广大的封域，以求控制其他诸侯；另一方面，更层层封堵刘邦的汉国。汉国的都城在南郑（今陕西汉中市），南郑的北面是山高谷险、东西绵延、难以横越的秦岭，项羽还嫌不够，又在关中预先分封了三位秦朝降将为王，即雍王章邯、翟王董翳、塞王司马欣，以求进一步阻挡刘邦北归的道路，再在东面分封申阳为河南王，建都洛阳。这样的层层封堵之下,项羽认为刘邦是势难翻身了。

依据以上的分析,不过相当于楚义帝名下小小县令的沛公刘邦被封为汉王时,果然"怒"出有因,"怒"得有理。然而,刘邦"怒"而"欲谋攻项羽",就当时形势看,时机还远远没有成熟,不仅刘邦的力量无法与项羽抗衡,"是时项羽兵四十万,号百万,沛公兵十万,号二十万"(《史记·高祖本纪》),而且项羽的家世声望,以及项羽与名义上的反秦力量总统帅楚义帝的密切关系,也是出身低微的匹夫刘邦所不能及的。事实上,刘邦也意识到了这些,所以他才甘冒生命危险,亲赴鸿门之宴;刘邦去做汉王时,更是烧毁秦岭栈道,以向项羽表示没有"出国"之意。

再说第二次违约。这是刘邦对项羽违约。因为这次违约,出现了汉帝国。

刘邦在愤怒却又无奈之中,到汉中做起了汉王。然而很快地,刘邦就拜原在项梁、项羽手下得不到重用的韩信为大将,暗度陈仓,攻占关中,并继续东进,拉开了楚汉战争的大幕。双方打到公元前203年,项羽提出与刘邦平分天下,以今天河南荥阳一带的鸿沟为界,西属汉,东属楚。和约签订后,项羽引兵东归,然而刘邦却向项羽"学习",也很快违背了楚河汉界的鸿沟和约,对项羽发起了攻击,最终,十面埋伏,四面楚歌,逼得项羽乌江自刎,得了天下。公元前202年二月甲午,在今山东定陶县的古汜水北岸,汉王刘邦即皇帝位,定国号为汉,于是统一的汉帝国正式建立。

历史就是这么无聊或有趣:因为不可一世的项羽的违约,使得本来应做关中王的刘邦,忍气吞声地改做了汉王,并导致了随后四年汉王刘邦与西楚霸王项羽的楚汉之争;刘邦也审时度势地违了一回约,不遵守与项羽的鸿沟为界、平分天下的约定,最终逼死勇而无谋的项羽,称帝建国,国号为汉。

多重安慰

以上简单介绍了汉国号出现的过程,其中有些细节值得我们思考:汉帝国的国号是来自汉王国的,而刘邦起初并不愿意做汉王,那么,为什么后来刘邦还是以汉作为帝国的国号? 汉这个国号又是什么意思呢?

解答这些问题的关键,是《汉书·萧何传》中萧何劝刘邦忍一时之气、作长久之计、先去做汉王时说的一番话:

> 何谏之曰:"虽王汉中之恶,不犹愈于死乎?"汉王曰:"何为乃死也?"何曰:"今众弗如,百战百败,不死何为?《周书》曰'天予不取,反受其咎'。语曰'天汉',其称甚美。夫能诎于一人之下,而信于万乘之上者,汤、武是也。臣愿大王王汉中,养其民以致贤人,收用巴、蜀,还定三秦,天下可图也。"汉王曰:"善。"乃遂就国,以何为丞相。

这番话里,至关重要的一句是"语曰'天汉',其称甚美"——不是有"天汉"的说法吗? 这是多么美好的称呼啊——正是这句话,使刘邦得到了一些宽慰。北魏郦道元的《水经·沔水注》就直接说:"汉高祖入秦,项羽封为汉王。萧何曰:'天汉,美名也。'遂都南郑。"唐人李吉甫的《元和郡县图志·兴元府》中也说:"秦亡,项羽封高祖为汉王。高祖欲攻羽,萧何曰:'语曰天汉,其称甚美。'遂从之。"如此看来,刘邦接受汉王封号,以及后来确定帝国国号为汉,都与萧何的这句谏言有关。

"语曰'天汉',其称甚美"是什么意思呢?这联系到了古代的天文知识。据《汉书·萧何传》唐人颜师古注所引,三国时期曹魏的孟康说:"语,古语也。言地之有汉,若天之有河汉,名号休美。"又晋朝不知姓氏、名瓒的大臣说:"流俗语云天汉,其言常以汉配天,此美名也。"也就是说,无论是先秦的"古语",还是秦以后的"流俗语",都称天河为"汉"。"汉"既指天河,又称天汉,提到汉,就会自然地联想到天,"天汉"这个流行词,把汉与天配在了一起。从这个意义上说,"汉"是美名,而以"汉"作为王国之号,也就是美好的名号了。沛公刘邦接纳谋士萧何的劝谏而称"善",显然有这一层的首肯意思在内。

不过话说回来,项羽分封刘邦为"汉王"而不是别的什么王,直接原因还是他与谋士范增"阴谋"划定的汉国,都城南郑是秦朝汉中郡的治所,《史记·高祖本纪》"更立沛公为汉王",唐人张守节的解释就是"本汉中郡"。那么,汉中郡的名称又是怎么来的呢?

关于汉中郡名称的由来,《水经·沔水注》中说:"汉中郡,因水名也。"汉中郡的"汉"得自汉水的"汉",应该毫无疑义;至于汉中郡的"中",学者们大多解释为"中游",就显得相当勉强了,因为汉中郡并不在汉水的中游,而是位于汉水的上游。那么"汉中"之名究竟作何解释呢?其实,只要跳出"中"解释为"中游"这个思维定势,问题并不难解决。根据一些学者的研究,汉中这个地名与古代巴人有关。巴是古代的一个古老民族,重庆古称巴郡,唐诗中有"巴山夜雨"的意境。虽然巴人的居住与活动区域,由于史料的欠缺而难以梳理清楚,但湖北西部、陕西南部、四川东部以及重庆等地留下过巴人的踪迹,还是可以肯定的。而在巴人的语言中,"中"就是地方。换言之,古代巴人语言表示"地方"这个意思的读音,大概相当于诸夏(汉族的前身)语言的"中"字读音,所以用"中"来记音。也就是说,汉中这个地名,虽然从形式上看是诸夏文字,意思却不能按照诸夏语言来解释,汉中其实是一个双语地名,就是诸夏语言的"汉"(专名)加上巴语的"中"(通名),意为"汉水流经的地方"。

"打破沙锅问到底",这"汉"水又是怎么回事呢?从自然地理上看,今天的汉水(也叫汉江)发源于陕西宁强县嶓冢山,大体呈东南流向,由今湖北武汉市的汉口、汉阳间汇入长江。从发源地到汇入长江,今天的汉水长一千五百余公里,是长江最长的支流。历史上的汉水,并无重大的变迁。有趣的是汉水的名称,"汉水"本来只称"汉","水"是后来加上去的,这就仿佛中国古代的"四渎"——江、淮、河、济,后来才称江水、淮水、河水、济水(已经湮废),再后来又称长江、淮河、黄河,这是为了区别性更强、特殊性更明显。具体到汉水的"汉",又有特别的美义。战国时期成书的《尚书·禹贡》中称"嶓冢导漾,东流为汉",东汉许慎的《说文解字》也说"汉,漾也",也就是说,如果仔细区分的话,"汉"的上源称"漾",从南郑、汉中一带才开始称"汉"。清人段玉裁《说文解字注》说"漾言其微,汉言其盛",即发源时的"汉",因为水流弱小,所以拟声为"漾",微波荡漾的漾,等到水流盛大了,才又拟声为"汉",这样,"汉言其盛","汉"也因此寓有了盛大、伟大一类的美义。值得注意的是,不仅诸夏语言的汉有伟大、盛大的意思,亚洲地区许多民族的语言中,表示伟大、盛大意思的词,都发音为"han"。如古代朝鲜半岛的马韩、弁韩、辰韩以及今天的大韩民国,蒙古的成吉思汗,"韩"、"汗"都是所谓的汉字记音,而最初就是伟大、盛大的意思。再从字形上看,"汉"的古体也就是战国时的写法,左为"氵",右上为"或",右下为"大",这样,古体的"汉"字由"氵"(水)、"大"、"或"(國)组成,同样带有明显的美义。

当然,这在字形、字音、字义三方面都蕴涵着美义的"汉"字,最大的美义还是与"天汉"的联系。如蔡文姬的父亲、东汉蔡邕所作的《汉津赋》吟咏汉水道:"夫何大川之浩浩兮,洪流淼以玄清。配名位乎天汉兮,披厚土而载形。"这"配名位乎天汉兮"一句,是说在名声与地位方面,地上的汉相当于天上的汉,这显示了地"汉"与天"汉"的对应关系。地上的"汉",发自西北,流向东南,应该就是同样流向的天上之"汉"名称的来源。西晋陆机的《拟明月皎夜光》诗:"招摇西北指,天汉东南倾。""天汉东南倾",正好符合地"汉"的形势。地上的"汉",水流宏大,所以称为"汉";而在天上,荧光盛大的正是"天汉"。"天汉"如同一条云状的光带,仿佛天上的一条大河,所以又称"云汉"、"河汉";这条云状的光带,略呈灰白色,因而也称"银汉";光带是由密集的星群组成的,于是还称"星汉"。其实,这"天汉"以及一系列的相关称谓,都是由地上的"汉"派生出来的。

为了说清楚这两千多年前出现的"汉"国号之源,以上从历史、地理、天文、民族、语言、文字等多个方面进行了一番"考证"。简单归纳一下,我们得出了如下几点认识:

第一，项羽定刘邦王国之号为汉，直接原因是该王国的都城在南郑，而南郑为秦朝汉中郡的治所。

第二，就汉中郡的"汉中"而论，"汉"指汉水，"中"在古代巴人的语言中作"地方"讲，"汉中"意为"汉水流经的地方"。

第三，无论字形、字音还是字义，汉水的"汉"都是个美好的字眼。

第四，因为天上的银河和地上的汉水相似，所以银河被称为"汉"、"天汉"；反过来，地上的"汉"既然与天联系在了一起，也就带上了特别的美义。

第五，萧何的谏言"语曰天汉，其称甚美"，具有关键性的心理安慰作用，它不仅使得刘邦委曲求全地接受了项羽给予的"汉王"封号，而且使得刘邦在得天下后，确定帝国国号为"汉"。

我们还可以补充一句的是，在后人的认识中，有时干脆跳过以上所说种种关联的环节，直接把刘邦的汉国号与银河联系在一起。如明朝时在中国生活了二十多年的意大利天主教传教士利玛窦（（Matteo Ricci）就说："汉，那意思是银河。"（《利玛窦中国札记》）

永久的荣光

刘邦的"汉"国号，上符天文之"天汉"，中合人事之"休美"，下应地理之"汉中"，可以说汉国号的确立过程，体现了中国名号文化的诸多方面。

从汉国号的使用时间来看，作为刘邦的王国之号，使用了五年（前206—前202）；作为统一王朝的帝国国号，则使用了二百一十年

（前202—8）。到了公元9年，王莽篡汉，刘家的天下变成了王家的天下，国号也变"汉"为"新"。但是，"汉"国号并未退出历史的舞台，随后一脉相承的汉国号，就有汉高祖刘邦九世孙刘秀重建的汉、汉景帝之子中山靖王刘胜之后刘备再建的汉，为了区别这三个汉，史书中又分别称为前汉、后汉、季汉，或者西汉、东汉、蜀汉。这三个汉加在一起，使用的时间有四个半世纪，于是，汉成为中国历史上最具影响力的国号之一。这种影响，主要表现在三个方面：

第一，汉国号为后世许多汉族与非汉族建国者所沿袭。

如十六国时期的刘渊、李寿，五代时期的刘知远，十国时期的王建、刘龑、刘崇，元末的陈友谅等，国号都是汉。为什么这些政权都要沿袭汉国号呢？一个明显的现象是，沿袭汉国号者以刘姓建国者居多，而他们沿袭汉国号的理由，往往是以刘邦后裔的身份，与刘邦的汉、刘秀的汉、刘备的汉攀附关系，借以表明高贵的血统、建国的依据与正统的地位。这实质上体现了中国历史上国号的最本质特征：家天下。中国古代的国家，是君、家、国三位一体的国家；而国号，也就成了家天下——某一姓帝王家族拥有国家最高统治权——的标志。所以刘姓建国者，总是念念不忘刘邦的汉，总以恢复刘邦的汉为号召。再者，非汉族建国者如匈奴人刘渊、沙陀人刘知远、沙陀人刘崇沿袭汉国号，实际也是以异族的身份，强攀刘汉宗族、依傍汉朝、掩盖种姓来历。这又说明了对于今天而言更具现实意义的历史事实，即在中国古代，非汉族统治者要想在中原立国的话，就必须认可、接纳乃至融入汉地的文化传统与历史系统中，这也就是我们常说的"汉化"；它从国号以及心理的层面，直接反映了中国不仅是汉族的中国，也是非汉族的中国，中国是多民族国家。现代中国是这样，历史中国本来就是如此。

第二，汉成为域外有关中国的一种习惯称谓。

什么是域外称谓？就是外国人对中国的称呼。中国历史上改朝换代太多，外国人不容易搞清楚，所以或以中国具有代表性的国号称呼中国，如秦、汉、唐；或以中国具有代表性的名号称呼中国，如中华；或干脆给中国另外起个名字，如赛里斯、桃花石。

具体到汉这个称谓，因为刘邦、刘秀几乎前后接续的汉朝，时间超过了四百年，而且疆域辽阔，国势强大，经济繁荣，文化先进，对周边各国都发生过重大影响，中外交通尤其是与西北、中亚的交通也非常繁盛，所以域外特别是中亚地区及其以西各国，往往称汉朝及汉朝以后的中国为汉。北宋朱彧《萍洲可谈》记载："汉威令行于西北，故西北呼中国为汉；唐威令行于东南，故蛮夷呼中国为唐。"元人胡三省在《资治通鉴·汉纪》注中说："汉时匈奴谓中国人为秦人，至唐及国朝则谓中国为汉，如汉儿、汉人之类，皆习故而言。"清人徐岳的《见闻录》中也称："柬埔寨人呼中国人为唐人，犹西北人呼中国人为汉人也。"其实还不仅中国的西北方向，以汉称呼中国，也逐渐推广到其他方向的一些邻邦，如日本就称中国为汉、汉土，日本和朝鲜都称中国文字为汉字。沿袭下来，"汉"也就成为域外对中国的一种习惯称谓了。

第三，汉演化为此后直至现今中国主体民族汉族的族称。

"民族"一词，在古汉语中并没有构成，而用人、种人、族类、部落、种落等词表示。用民族来表示稳定的人们共同体，是19世纪与20世纪之交从日文中引进的。

众所周知,今天中国的主体民族是汉族,汉族占全国人口总数的约93%,其他五十五个民族占全国人口总数的不到7%。然而所谓汉族,并不就是狭义的"炎黄子孙",著名国学大师柳诒徵在《中国文化史·绪论》中指出:汉族"数千年来,其所吸收同化之异族,无虑百数",汉族因此成为今天世界上人口最多的民族。这样的情形,也正如李斯在《谏逐客书》中所说:"泰山不让土壤,故能成其大;河海不择细流,故能就其深。"其实,这种血统的混杂,对于民族的发展、壮大与进步是有利的因素,本来就勿庸讳言。

从历史的观点来看,中国主体民族的族称有过变化。先秦时期,中国的主体民族可以称为诸夏(意为许多的夏)或华夏(意为如同花一样美丽的夏)。诸夏或华夏,是以夏、商、周人为主体,融合四周一些小族而渐渐形成的古老民族群体。这一民族群体在以后的发展中,内涵不断丰富。等到刘邦建汉,西汉、东汉立国四百余年,于是魏晋以后,汉作为新起的族称(汉人、汉民、汉家、汉族之类),逐渐取代了传统的诸夏、华夏族称,并一直沿用到了今天而不改,今天,大多数的中国人都还自称汉人、汉族。从某种意义上说,汉族的前身即是诸夏、华夏,诸夏、华夏的发展就是汉族,两者没有质的区别,只有规模大小的不同。

刘邦始建、刘秀重建、刘备再建的汉国号,历史影响可谓广泛、深远;而由汉国号演化为此后直至现今汉族的族称,无疑又是其中最具有现实意义的重要方面。我想,人不可不知姓名,国不能没有国号,作为中国人,作为汉族,也应该知道汉国号的来源、取义与演变吧。而一旦我们确切地知道了汉国号联系着浩瀚悠长的银河,指代着伟大持久的汉朝,汉朝又是中国历史上最相信天命的王朝,这种对天命的相信,又导致了汉朝为外戚王莽的新朝所腰斩,则汉朝的历史,留给我们今人的就不仅仅只是自豪了,还有着诸多的思考。

怎样的思考呢?腰斩汉朝的新朝又是怎么回事?请看下一讲"新:始作俑者,其多后也"。

新：始作俑者，其多后也

王莽画像

迷信不能诠释历史

在中国历代统一王朝中，有这么一个王朝颇不同于其他：首先，传统以及现代的大多数中国历史纪年表中，没有它的位置，而是把它包含在汉朝的历史纪年中；其次，"二十四史"中，没有属于这个王朝一部专门的史书，甚至也没有这个王朝皇帝的"本纪"。如在东汉班固的《汉书》中，不仅把这个王朝的皇帝贬入"列传"，并且排在通常属于"乱臣贼子"位置的列传的末尾；第三，这个王朝的创始者与终结者是同一个人，而且对于这个人的评价，现代史学家极为纷歧：范文澜说他是失败的骗子，翦伯赞说他是最有胆识的政治家，吕思勉说他是具有改革意识的志士仁人，郭沫若说他是倒行逆施的皇帝。至于外国学者，或说他是阴谋家、野心家、伪君子，或说他是改革派、时新派、务实主义者，或说他是纯粹儒者与无能皇帝的结合，或说他是过得特别假、活得特别累的表演大师。

这个特殊的统一王朝，就是公元 9 年到 23 年由王莽一人而始终的新朝。

　　新朝把汉朝腰斩成了两半，成为前汉与后汉，或者说是西汉与东汉。刘邦创建的西汉两百余年，刘秀创建的东汉将近两百年，中间就是历时十五年的王莽的新朝。那么为什么会在长命的两汉中间，夹着个短命的新朝呢？有种自古流传的说法是：这得追溯到秦朝。秦朝末年，大概公元前211年时，黑夜沉沉的丰西大泽中，小吏刘邦与跟随他逃亡的本来要去骊山修秦始皇帝陵的十几位刑徒，正行进在蜿蜒曲折的小径上。突然，一条硕长的白蛇挡住了去路。刘邦拔剑就要斩蛇，蛇说你斩头我闹你头，你斩尾我闹你尾，没想到刘邦毅然将蛇拦腰斩断。而后来的王莽就是这条蛇的转生，莽就是蟒。因为这条蟒蛇被刘邦腰斩了，汉朝等于亏欠了蟒蛇的"蛇情"，蟒蛇不服，投胎化作王莽，闹了汉朝的中间。于是在西汉与东汉的中间，插进了这么一个新朝，算是偿还了前世的因果恩怨。

　　这种见于许多演义小说里的说法，并不完全是虚构。如《史记·高祖本纪》描写刘邦之斩白蛇起义道：

　　　　高祖以亭长为县送徒郦山，徒多道亡。自度比至皆亡之，到丰西泽中，止饮，夜乃解纵所送徒。曰："公等皆去，吾亦从此逝矣！"徒中壮士愿从者十余人。高祖被酒，夜径泽中，令一人行前。行前者还报曰："前有大蛇当径，愿还。"高祖醉，曰："壮士行，何畏！"乃前，拔剑击斩蛇。蛇遂分为两，径开。行数里，醉，因卧。后人来至蛇所，有一老妪夜哭。人问何哭，妪曰："人杀吾子，故哭之。"人曰："妪

子何为见杀？"妪曰："吾子，白帝子也，化为蛇，当道，今为赤帝子斩

之，故哭。"人乃以妪为不诚，欲苦之，妪因忽不见。后人至，高祖觉。

后人告高祖，高祖乃心独喜，自负。

《汉书·高帝纪》的记载略同。这是说刘邦为赤帝之子，白蛇为白帝之子，刘邦斩蛇，寓意汉将灭秦。但是到了后来，也许面对着汉、新、汉这个奇怪的改朝换代局面，人们为了寻求解释，为了给正统、喜欢的汉朝找出借口，就做起了王莽名字的文章，把王莽代汉纳入了宿命轮回的链条之中。

迷信不能诠释历史，恰恰相反，唯有历史才能诠释迷信。王莽代汉，有着复杂的前因后果，当然不是缘于王莽这个名字。至于王莽为什么定国号为"新"，传统说法是王莽代汉前曾经做过新都侯，而且的确在新都侯国住过。新都侯国在今河南新野县东南四十里的九女城，遗址至今尚存。早在东汉时，著名思想家王充就说"王莽从新都侯起，故曰亡'新'"（《论衡·正说篇》）。元人胡三省也说"因新都国以定号也"（《资治通鉴·汉纪》注）。直到清朝，著名学者赵翼还认为："王莽建号曰新，亦以初封新都侯故也。"（《廿二史札记》）其实，"新"国号来自新都侯的观点，只是停留在了事实的表面，并没有触及到更深层的原因。

新朝尽管短暂，但它毕竟是个统一王朝，我们说中国历代统一王朝国号，自然不能少了"新"国号。况且就历史事实本身论，新朝在中国历史上也拥有非常特殊的地位。可以认为，王莽取代汉朝、建立新朝，开创了中国王朝"和平"改朝换代的首例。王莽之前，改朝换代是血雨腥风的

战争结果,商、周、秦、汉的天下都是打下来的;王莽之后,在将近千年的时间里,起码在形式上,改朝换代往往是不流血或少流血的宫廷政变的结果。如魏、晋、隋、唐、宋,天下都是前朝皇帝"奉送"的。靠真刀真枪打江山的"阳谋"可以建立王朝,靠搞政变或收拾天下人心的"阴谋"也可以建立王朝,中国历史上反反复复出现的改朝换代,简而言之,就是这阳谋与阴谋两大类,而通过阴谋完成改朝换代,王莽的新朝是"始作俑者"。值得深思的是,这个"始作俑者",在理论依据、具体做法、程序设计等等方面,都给了后世诸多的枭雄或英雄以启发与借鉴,为他们搭起了模仿或进一步完善的平台,所以王莽的新朝不是"始作俑者,其无后乎",而是"始作俑者,其多后也"。

那么,王莽的新朝凭什么成为这个"始作俑者"? 不必"一言以蔽之",完全可以"一字以蔽之":新! 是与旧相对的新。王莽正是凭借着出类拔萃的新的道德形象,成了新朝的开创者;又正是因为王莽全面推行新政,追求做个全新的皇帝,而成了新朝的终结者。这话怎么理解呢?让我们从头说起。

道德的楷模和化身

王莽是谁? 王莽是汉元帝刘奭的皇后、汉成帝刘骜皇太后王政君的侄子。汉元帝喜欢大赦天下,结果弄得真正的坏人们有恃无恐;又喜欢赏赐,结果造成天下赋役繁重,西汉正是从汉元帝时代开始由盛转衰的。汉元帝还喜欢几个太监,就是不喜欢自己的皇后妃子,于是在他驾崩以后，出现了两个结果：一是皇太后王政君发泄曾经失宠的不满，使得年轻的汉成帝成了有位无权的傀儡。这位汉成帝倒也乐得省心，干脆风流快活起来，宠幸得自民间、出身贫贱的赵飞燕、赵合德姐妹，尤其是那赵飞燕，身材轻盈，舞技高超，"能作掌中舞"，与唐代的杨贵妃并称为"燕瘦环肥"，后来成功登上皇后的宝座；二是皇太后王政君提拔自家的兄弟子侄把持朝政，王家封侯拜相，权势熏天，所谓"日暮汉宫传蜡烛，轻烟散入五侯家"（韩翃《寒食》）的唐诗，说的就是这外戚王家的盛极一时，于是形成了汉末政治的怪胎：外戚政治，刘姓的天下开始由王姓当家了。

　　然而在这样的外戚政治中，王莽起初却是个被遗忘、特别另类的成员。如何被遗忘呢？由于王莽的父亲王曼死得早，哥哥王永也英年早逝，所以早年的王莽并没有享受到家族的荣光，没有能够封官进爵。如何特别另类呢？他不同于叔伯、堂兄弟们或富贵侈靡、或飞扬跋扈、或声色犬马的行为，呈现在世人眼中的形象，简直就是仁、孝、礼、义、廉、让的道德楷模。

　　王莽在做官之前，始终保持着朴素的儒生打扮，生活简朴，为人谦恭有礼。他孝顺母亲，尊敬嫂子，抚养侄儿；他学习《周礼》，博学多览，手不释卷；他喜欢结交社会贤达，不与纨绔子弟、小混混们为伍。大伯父王凤病重，王莽天天服侍在侧，"亲尝药，乱首垢面，不解衣带连月"（《汉书·王莽传》），其孝心远远超过了王凤的亲生儿子。大将军王凤终于被感动了，看着王莽那憔悴的面容，王凤自然想起了他早逝的弟弟，怜爱之情油然而生，于是弥留之际，王凤郑重地将王莽托付给了妹妹王政君、妹夫汉成帝。公元前22年，二十四岁的王莽做了黄门郎，这是个在皇帝身边服务的小官，王莽从此开始了他的仕途。

王莽做官之后，虽然有些小曲折，但总体而言，官位不断升迁。公元前16年，王莽被封为新都侯，进入贵族的行列。公元前1年，汉哀帝驾崩。这位汉哀帝，最有名的事情，就是与佞臣董贤搞同性恋，午睡时抽剑断袖，以免惊醒了同眠的董贤。汉哀帝驾崩，王莽与王政君合谋，共立九岁的刘衎为帝，是为汉平帝，而由王莽总兼朝政。到了这时，王莽已经位极人臣了。同时，王莽仍然不改他克己奉公守节、尊师敬老爱幼的伟岸形象，并且常常做出一些惊世骇俗的举措，从而积聚起了超高的人气与声望。如与豪强地主们大肆蓄奴、视奴婢为牛马相反，王莽的次子王获杀死了一个家奴，按照当时的法律，这事只要报告官府、交点罚款就可了结，王莽却逼令儿子自杀，以偿奴婢之命；与当时王公贵族们疯狂兼并土地、聚敛财富不同的是，王莽多次拒绝朝廷的赐田，并且多次把田地捐给无地的农民；每当发生灾荒时，已经节衣缩食的王莽，也都会倾其所有救济灾民。

当时的朝中情景，汉平帝刘衎是个儿童，老资格的太皇太后王政君临朝，子弟众多的外戚王家权势显赫，堪称道德完人的王莽总掌大权，王莽的女儿又是当今皇上的皇后。当时的社会形势，西汉的统治已经江河日下，政治黑暗，百姓贫困，自然灾害频繁严重。如此，我们已经不难推测时局的发展方向——是即将要改朝换代了。

当然，要完成改朝换代，而且是以道德的楷模王莽为主角，改换立国已经超过两百年的汉朝，委实还是有些难度的。这时，一百来年前董仲舒天人感应的五德学说，发挥出了关键的作用，它使得王莽成为万民拥戴的最佳代汉人选。

董仲舒天人感应的五德学说是一种怎样的学说呢？众所周知，汉武帝刘彻是听从了董仲舒的建议而罢黜百家、独尊儒术的，也就是说，以董仲舒理论体系为核心的新儒家思想从此成为汉朝的统治思想。而在董仲舒的理论体系中，天人感应的五德学说又是一个关键。这一学说认为：

第一，"天"具有意志，天子是代表天父统治子民的。天父喜欢天子、认可天子，就天降祥瑞，风调雨顺，五谷丰登，六畜兴旺，万物安宁，以示鼓励；天父讨厌天子甚至否定天子，就天降灾异，川溃地裂，以此警示天子，督促天子改革；如果天子仍然执迷不悟，天父就可以改换其他姓氏的天子试试了，也就是改朝换代。

第二，天父依据什么判断天子的好坏呢？很大程度上依据天子对子民的态度。天子勤政爱民，就是"有道"的好天子；反之，就是"无道"的坏天子。

第三，改朝换代不仅是人间的大道，也符合自然的原则。在自然界中，金、木、水、火、土是五种最基本的物质，它们之间既有彼此促进的关系，也有相互抑制的关系，这叫相生相克。五行相生的顺序是木、火、土、金、水，五行相克的顺序是木、土、水、火、金。而这样的自然循环原则应用到人间政治社会，就是"有道"取代"无道"，新德代替旧德，就是改朝换代，这叫五德终始。征伐式的改朝换代，适用于五德相克的顺序；禅让式的改朝换代，适用于五德相生的顺序。

董仲舒的上述学说，具有复杂的社会政治意义。一方面，"天子受命于天,天下受命于天子"(《春秋繁露·为人者天》),这为汉朝统治的合法性提供了理论依据。只要天子勤政爱民,就可以永享天命,使统治"传之无穷,而施之无极"(《汉书·董仲舒传》)。另一方面,也是汉武帝、董仲舒辈始料未及的,这一学说竟然日益走向了其反面,成为否定汉朝统治的理论依据,并为王莽代汉准备了逻辑基础。而所以如此,又是和西汉后期特定的社会政治形势相联系的。

在西汉后期的社会政治形势下,和当时"家天下"的思想观念已经极为淡漠的氛围中,人们对汉家旧德不再留恋,都期待着新德的出现,这就诚如钱穆先生所指出的:当时的社会"深信阴阳五德转移之说,本非效后世抱万世帝王一姓之见。莽之篡汉,硕学通儒颂功德劝进者多矣,虽亦觊宠竞媚,亦会一时学风之趋向"(《刘向、歆父子年谱》)。正是在这样的背景下,新的道德楷模王莽以新德的化身粉墨登场了,并且速度很快地取代了汉朝:先是公元元年,王莽接受了"安汉公"的美号,这是把王莽捧作从前辅佐幼主周成王的周公;接着公元5年,王莽弑杀了十四岁的汉平帝刘衎;公元6年,改立两岁的刘婴为皇太子;然后从公元6年到公元9年,王莽完成了三级跳,从"摄皇帝"也就是具体管事的皇帝,到"假皇帝"也就是代理皇帝,再到"真天子"也就是名副其实的皇帝。这个真天子宣布"定有天下之号曰'新'"(《汉书·王莽传上》),废除汉国号,于是新朝正式建立。

新皇帝的新名号与新政

新朝建立的过程,与王莽作为新的道德楷模的个人形象,和王莽作为新德化身的社会认知,是密不可分的。从做官之前到开始做官再到逐渐升迁,从把持朝政到安汉公、摄皇帝、假皇帝以至真天子,王莽成功的全部奥秘,都在一个"新"字。相应地,王莽把他创建的这个王朝的国号,也称作"新"。如此,我们前面提到的那种传统说法,即认为王莽定国号为"新"是因为他做过"新都侯",就只能理解为一个偶然的巧合,而决非问题的关键。这正如胡适先生所指出的:"王莽即使不'从新都侯起',也还是要做他的'新皇帝'的。""新"国号"不仅仅是'美号',实有表示'委心积意'的革新的意义,也可说是表扬这'委心积意'的革新功德的美号"(《胡适之先生年谱长编初稿》)。

的确,王莽建立新朝后,也是事事求新。顾颉刚先生曾经概括地说:"从国家的宗庙、社稷、封国、车服、刑罚等制度,以及人民的养生、送死、嫁娶、奴婢、田宅、器械等品级,他没有不改定的。"(《汉代学术史略》)甚至为了求新而求新。如对于各类名号,包括中央和地方的官名、年号、各级爵名、郡县名、四夷部族的封号,王莽都大加更改,表现出浓重的名号"情结"。以郡县名为例,当时的一百多个郡国名称,他改了七十多个,一千五百多个县,他改了将近一半,而且翻来覆去地反复改,有的郡县名称前后改了四五回。他改地名,如长安改常安、安平改安宁、潭中改中潭,相同的意思改来改去,属于没事找事;广成改平虏、蓟县改伐戎、武要改厌胡,这是涉及边疆民族、带有镇压色彩的改名,属于没事惹事;至于无锡改有锡、于离改于合、谷远改谷近、辽阳改辽阴、西安改东宁,刚改柔,那就纯属无聊的游戏了。据研究,一般来说,历史上各朝各代更改地名,短期内不能超过百分之三、四,王莽竟然改了超过半数,于是社会生活陷入了极度的混乱之中。

王莽为了表示他建立的是个全新的王朝,还特别重视"新"字,不仅国号称"新",论功行赏,又封了许多的"新"公。如号称"四辅"的安新、就新、嘉新、美新四公,号称"三公"的承新、章新、隆新三公,号称"四将"的广新、奉新、成新、崇新四公。

更名改号以外,王莽又引经据典,全面改制,并称之为"新政"。他以儒家艳称的西周为榜样,言必称周公,事必据《周礼》,制必从周制。从禁止土地与奴婢买卖的王田奴婢政策,到控制与垄断工商经济、增加税收的五均六筦之法;从歧视蛮夷戎狄的民族政策,到以小易大、以轻易重的改变币制,以及种种的制礼作乐,他都大张旗鼓地改制,力图改得古色古香。王莽大概觉得,只要这样做了,新朝就是西周盛世的再现,万民就会获得教化,天下就会永远太平。

这样的王莽,是不是很喜剧也很悲剧? 历史既然已经走到了汉朝,怎么可能再回到数百年前的周朝? 中国历史上托古改制的王朝有很多,而且所托之古多是夏、商、周三代中的周朝。平心而论,"托古"是有道理的。在农业经济占优势的古代中国,社会上普遍尊敬有丰富经验的老年人,处在这种情况下,很容易使人向往过去,向往古代。所以,思想家们每提出一项政治改革的理论,政治家们每提出一项政治改革的方案,都要托古,即把当前的设想、方案假托于古代,说这种改革不过是恢复古代那太平盛世里尽善尽美的制度而已。但这只是形式上的"托古",并不是实质上的"复古",因为真正的古代,没有传说中或理想中那么美好,社会总是在发展进步着的,真要"复古",那就显得泥古不化了。王莽的悲剧,正在于痴迷于周礼，反时代潮流而为之，看似一切求新，其实归根到底，王莽的求新，原是完全脱离社会实际、纯属劳民伤财、徒然激发各种矛盾、动听却也糟糕的复古或者说复旧。于是王莽失败了，而且败得那么凄惨！

王莽的成与败

历史有时太过残酷：王莽既以新道德楷模的形象，成为众望所归的最佳代汉人选，又以新德的化身，兴高采烈地登上了新朝皇帝的宝座；然而，王莽的新德很快变成了旧德，让位给了下一个新德，也就是刘秀重建的汉朝。

想当初，王莽成功的时代，四十多万吏民上书为他请赏，八千多人颂扬他的功德，九百多位王公贵族劝进。为了这样的成功，王莽压抑着自己的七情六欲，谨小慎微地维护着自己的道德形象。等到王莽败亡的时刻，《汉书·王莽传下》里有这样一段描写：

> 商人杜吴杀莽，取其绶。校尉东海公宾就⋯⋯斩莽首。军人分裂莽身，支节肌骨脔分，争相杀者数十人。⋯⋯传莽首⋯⋯县（悬）宛市，百姓共提击之，或切食其舌。

六十八岁的新朝皇帝王莽的下场，竟然是尸身被剁成千段，首级被悬于闹市，舌头被割下、切碎、吃掉，真是呜呼哀哉！

那么,王莽迅速而风光的成功,又迅速而凄惨的败亡,原因何在呢?清朝史家赵翼指出:

> 人但知莽之败,由于人心思汉,而不知人心之所以思汉,实莽之激而成之也。当其始也,诡激立名以济其暗干之计,似亦奸雄之所为;及僭逆已成,不知所以抚御,方谓天下尽可欺而肆其毒痡,结怨中外,土崩瓦解,犹不以为虞,但锐意于稽古之事,以为制定则天下自平,乃日夜讲求制礼作乐,附会《六经》之说,不复省政事,制作未毕而身已为戮矣。(《廿二史札记》)

也就是说,王莽的失败,根本原因还是王莽自己造成的。正是由于王莽不仅极度缺乏解决实际问题的能力,还乱改革、瞎折腾,结果"新"政搞乱了政治,"新"名号搞乱了名号,于是曾经喜新厌旧的人们,又变得喜旧厌新了,人们思念起刘姓汉朝曾经的恩德,毅然抛弃了不久前还寄予厚望的王姓的新朝。23年,新朝在人民起义的熊熊烈火中灰飞烟灭了。

作为历史的匆匆过客,王莽和他的新朝,留给后人无尽的哲学思考、文学感慨与史学鉴戒。当初王莽的誉满天下,是做人还是做秀?后来王莽的代汉立新,是必然还是偶然?最后王莽的亡国丧命,是天意还是人为?诸如此类的问题,反映了王莽实在是一个值得品味的人物,新朝实在是一个值得探究的王朝。虽然这些问题,也许一时之间难以寻求到大家公认的答案,但这并不影响我们对基本历史事实的判断,即王莽的成功,离不开一个"新"字;王莽的败亡,也离不开一个"新"字。换言之,王莽以"新"作为国家的政治象征与文化标志，既显得名副其实，又极具讽刺的意味。

新朝灭亡后，经过两年的混战，25 年，汉高祖刘邦九世孙刘秀称帝，国号汉，并于 36 年平定天下。这个重建的汉朝，延续到了 220 年魏王曹丕的篡汉建魏，于是历史进入三国时代。263 年，曹魏灭蜀汉；265 年，司马懿的孙子司马炎篡魏建晋；280 年晋灭吴，再建统一，于是晋成了新的统一王朝国号。晋国号的确立，显示了预言的力量。这又是怎么回事呢？请看下一讲"晋：隐秘的'司马昭之心'"。

晋：隐秘的「司马昭之心」

晋武帝司马炎画像

腐败与虚伪的西晋

我们读古书时,常常会遇到两个词:当涂、典午,而且这两个词还往往并列使用。如《北齐书·王琳传》中说:"典午将灭,徐广为晋家遗老;当涂已谢,马孚称魏室忠臣。"这里,"典午"指晋朝,"当涂"指魏国。为什么会有这样的代称呢?曹氏代汉,做的是"代汉者当涂高"预言的文章,所以"当涂"成了曹魏的代称;晋朝的国姓是司马,典与司都有掌管的意思,而十二地支配合十二生肖,子配鼠,丑配牛,寅配虎,午配马,所以典午就是司马,晋朝是司马氏的王朝,故以"典午"代称晋朝。

晋朝是个怎样的王朝?不妨先了解一下当事人的看法。据《晋书·宣帝纪》记载,有一次,晋朝的第六任皇帝司马绍请教丞相王导:"本朝的列祖列宗是如何得到天下的?"王导讲了那整个的过程后,司马绍"以面覆床",痛苦地说道:"如果真像您讲的那样,晋朝的国运还能长远吗?"

这里,我们站在后人的立场上,也来说说这个让人痛苦的晋朝。说起晋朝,它在中国历史上的地位着实有些尴尬。

首先,它不太为人熟悉。要说经历的时间,晋朝并不算短,从 265 年到 420 年,延续了一百五十多年。其中从 265 年到 316 年,建都洛阳,后世称为"西晋";从 317 年到 420 年,建都建康,就是今天的南京,后世称为"东晋"。西晋从 280 年到 316 年的三十七年,还马马虎虎算个统一王朝,也就是说,是晋朝结束了魏、汉、吴三分的局面,重建了统一。那么晋朝何以不太为人熟悉呢? 大概因为晋朝之前的三国、晋朝以及南北朝之后的隋、唐,名气实在太大了,盖住了晋朝吧。

其次,就是少数熟悉晋朝的人,对其印象往往也很差。晋朝尤其西晋的王公大臣,是以奢侈、浪费、残忍著称于史的。如王恺和石崇斗富,王恺拿着皇帝送的两尺高的珊瑚树到石崇家炫耀,石崇不屑一顾,随手拿起铁如意将它打得粉碎,然后让奴婢取出六七株色彩鲜艳如玉、高达三四尺的珊瑚树,请王恺随便挑,弄得王恺目瞪口呆。石崇喜欢摆酒宴,酒宴上又总让家养的美女劝酒,客人若不干杯,就杀劝酒的美女。有一次,王敦故意不饮,石崇竟然连杀三女。至于导致西晋灭亡重要原因之一的"八王之乱",历时十六年,更是兄弟叔侄的司马诸王之间的兵戎相见、彼此仇杀,最后八王死了七王,长沙王司马乂还是被活活烤死的。王公大臣们如此,皇帝怎样呢? 西晋主要的两任皇帝是司马炎、司马衷。开国皇帝司马炎是荒淫无度的典型,后宫佳丽竟然超过三万人。面对三万佳丽,司马炎无法选择,每晚就坐着羊车,随它拉到哪家是哪家。盼着有个出头之日的可怜的佳丽们,为了得到皇帝的一夜宠幸,就在路上抛洒羊爱舔的盐巴,门口插着羊爱吃的竹叶。等到宫女们人人都这么做了，羊也就不知去哪家好了。接替司马炎的皇帝司马衷更是个白痴，他听见蛤蟆叫，问左右这是为官叫还是为私叫；手下报告天下灾荒战乱，百姓大批饿死，他发出了千古一问："何不食肉糜？"（《晋书·惠帝纪》）

　　这样的晋朝，难怪大家印象差。那么，晋朝果真就是这个样子吗？应该说，除了共同的"上品无寒门，下品无势族"（《晋书·刘毅传》）的门阀社会，也就是极为讲究等级的社会外，偏安南方的东晋与统一王朝的西晋还是有些差别的。说起东晋，军事上有以少胜多的淝水之战、有气吞万里如虎的北府兵，文化上有儒玄佛道的百家争鸣，有发现自然之美的山水文学，名士上有以王羲之、谢安为代表的风流潇洒，经济上有以江南开发为标志的迅速进步，这都是些值得夸耀的方面。至于西晋，就真的非常缺乏正面的东西。西晋社会流行着金钱崇拜风、生活奢侈风、任人唯亲风、阿谀奉承风、趋炎附势风、清谈虚浮风。以金钱崇拜风为例，当时人鲁褒就写了篇奇文叫《钱神论》，讽刺世人把钱当神崇拜，文中说道："钱之为体，有乾有坤。内则其方，外则其圆。……亲爱如兄，字曰'孔方'。失之则贫弱，得之则富强。……钱之所在，危可使安，死可使活；钱之所去，贵可使贱，生可使杀。……子夏云：'死生有命，富贵在天。'吾以死生无命，富贵在钱。"

　　西晋为什么会是这样的一个时代？比较而言，中国古代的王朝政治，可能是世界历史上最讲求道德的政治了，然而专制时代的政治，往往又是最肮脏的东西。如何处理这样的矛盾呢？依靠虚伪的表演。我们上一讲说了王莽的新朝，王莽就是一位表演大师。如王莽登极那天，他握着四岁的汉朝皇太子刘婴的小手，痛哭流涕地说："昔日周公辅政，最终把天子的权力归还了成王;我也想做周公啊,但如今迫于天命民意,不敢不登皇帝大位。"他哀叹了许久,一直握着刘婴的小手不放,最后还是官员上来,硬把刘婴抱下殿去,让刘婴向王莽行君臣大礼,"百僚陪位,莫不感动"(《汉书·王莽传中》)。这真是一场虚伪的好戏!而相对于努力扮演着道德楷模的王莽,司马懿、司马师司马昭、司马炎这祖孙三代,在一本正经的提倡礼教与夺人之国的阴谋行为之间,更是极尽了虚伪表演之能事。所谓"上梁不正下梁歪",西晋有着这样虚伪的奠基与开国者的阴谋家,我们怎能指望其王公大臣的道德高尚呢?又怎能指望其社会风气优良呢?

闲话少叙,进入正题。在晋这个国号的成立过程中,同样充斥着虚伪的表演,甚至弥漫着弑主的血腥;而在晋国号那表面光鲜的美义背后,也是隐藏着不可告人的大秘密。要说清楚这些,还得追溯到我们非常熟悉的司马懿。

全本禅让大戏

因为一部《三国演义》以及许许多多的三国影视剧,那位与诸葛亮斗法的司马懿,已为社会所熟知。虽然《三国演义》不是三国史,许多的情节远离历史事实,如"关羽温酒斩华雄",实际是孙坚斩华雄;"诸葛亮草船借箭",实际是孙权木船"借箭",但有关司马懿及其子孙篡魏的描写,《三国演义》还是基本到位的。在《三国演义》第 119 回中,引有后人这样的诗句:"魏吞汉室晋吞曹,天运循环不可逃。""晋国规模如魏王,陈留踪迹似山阳"。这是说,220 年曹丕篡汉、封汉献帝刘协为山阳公,与 265 年司马炎篡魏、封魏元帝曹奂为陈留王,同出一辙,"魏晋禅让"只是"汉魏禅让"的翻版。稍有差异者,汉魏禅让经历了曹操、曹丕父子两代,魏晋禅让则经历了司马懿、司马师、司马昭、司马炎祖孙四人。

我们单说魏晋禅让。这魏晋禅让,真的是承上启下。承上指上承王莽的代汉立新、曹丕的篡汉建魏,启下指下启南北朝直到赵匡胤宋朝期间诸多王朝的改朝换代程序,所以魏晋禅让显得极有代表意义,堪称全本禅让大戏。

作为全本禅让大戏,魏晋禅让是由以下的一幕一幕历史剧构成的:

第一幕,出现权臣。

这权臣是老奸巨猾、城府极深的司马懿与他野心勃勃、行为张扬的两个儿子司马师、司马昭。司马懿有雄豪之志,有"狼顾"的本领。狼顾,就是能够"面正向后而身不动",在相术上,这是凶残多虑之人的表现,加上曹操曾经梦见"三马同食一槽",觉得很不吉利,于是提醒太子曹丕:"司马懿非人臣也。"(《晋书·宣帝纪》)但因司马懿表面显得宽厚仁慈,并且确实能力出众,既为曹操屡献奇策,又助曹丕篡汉称帝,所以得到了曹操的容忍,获得了曹丕的信任,曹丕、曹叡两任皇帝也都遗诏以司马懿为辅政大臣。而从辅政大臣到压主权臣的质变,始自高平陵事变。先是曹叡驾崩,八岁的曹芳即位,曹爽与司马懿共同辅政,但军权掌握在曹爽手中,于是司马懿称病回家,不问政事。几经试探,才识平庸的曹爽认定司马懿已经是个将死的老人,对他放松了警惕。但姜还是老的辣,249年正月,曹爽陪伴皇帝曹芳,按照惯例去洛阳城南的高平陵祭祀明帝曹叡,趁此机会,在军中根基深厚、已经装病将近两年的七十一岁的司马懿,突然抖擞精神,披挂上阵,纠集党羽,关闭城门,发动政变。真似猛虎出爪,一击毙命,《晋书·宣帝纪》记载的政变结果是:"诛曹爽之际,支党皆夷及三族,男女无少长,姑姊妹女子之适人者皆杀之。"从此,魏国的军政大权便落入司马家族手中,这为司马氏日后的成功篡魏奠定了基础。

251年,司马懿去世,长子司马师继续掌握大权。司马师比他老子更厉害,他废曹芳,立曹髦,皇帝在他手里如同傀儡。

255年,司马师去世,弟弟司马昭当政。司马昭比他哥哥又进了一步,他不仅飞扬跋扈,凌驾于皇帝之上,而且开始谋划篡魏自立。年轻气盛、不满二十岁的曹髦忍无可忍,对左右说:"司马昭之心,路人所知也,吾不能坐受废辱。"(《三国书·魏书四·三少帝纪》裴注引《汉晋春秋》)于是在260年五月七日的夜里,他铤而走险,率领着身边的几百宫人攻打司马昭,结果被司马昭的手下成济一矛贯胸,当场刺死。曹髦以高贵的生命,捍卫了皇帝的权威与尊严。而面对这样的突然变故,背负"弑君"罪名的司马昭也是大惊失色。他一方面对着皇帝的尸体放声大哭,另一方面委罪于成济,诛灭成济三族。发现自己上当受骗的成济临刑时大骂不止,使司马昭篡位的狼子野心暴露于天下,尚在孕育中的新王朝,被抹上了浓重的不道德色彩。

第二幕,制造舆论。

为了新王朝的建立以及新王朝的形象,必须洗刷这些浓重的不道德色彩。用什么来洗刷呢?依靠舆论。什么舆论?包括功业、符瑞、谦逊等各方面的舆论。功业是实力,符瑞是天意,谦逊是品德。司马昭的功业,是他亲自扶立了十五岁的新皇帝曹奂,是他263年灭了蜀汉,迈出了走向统一的实质一步;司马昭的符瑞,也就是各种各样的吉祥征兆。如出现了象征太平的甘露,出现了图像有马、文字有"大讨曹"的石瑞,这明确显示了司马氏代曹乃是天意;至于司马昭的谦逊,更是容易表演,他不止一次地辞让当太傅、辞让做晋公、辞让加九锡,虽然最后都实在辞让不了,但这毕竟显示了他谦逊的"美德"。

第三幕,完善程序。

通过政治强权与国家机器,大力表彰、广泛弘扬司马昭的功业、符瑞与谦逊,但仅有这些虚化的舆论还是不够的,还要追寻上古时代尧舜禅让的美好历史,效仿王莽、曹丕谋人之国的既成模式,走完实实在在的程序,如此才显得正儿八经、规规矩矩。那都有些什么主要程序呢?封国、九锡、揖让、禅让。封国,如司马昭先后被封为新城乡侯(238)、高都侯(254)、高都公(256)、晋公(263)、晋王(264);九锡,是皇帝赐给大臣的九种器物,即车马、衣服、乐器、朱户(朱红色的大门)、纳陛(殿前屋檐下专门凿出来的台阶)、虎贲、斧钺、弓矢、秬鬯(以黑黍和郁金香草酿造的酒),这代表着一种最高礼遇;揖让,就是反复推辞,无论封国还是九锡,以及最后的接受禅让,都不可愉快地马上接受,而是要痛苦地反复推辞,一方面皇帝要给,另一方面权臣要让,必须把戏做足。如司马昭接受九锡前,竟然揖让了十三次。可惜的是,司马昭让来让去的结果,是"万事俱备,只欠身体",还没来得及走完最后的一步禅让,265年八月,五十五岁的他就一命呜呼了。等到年底,他长发委地、双手过膝、长得好像长臂猿的长子晋王司马炎,经过几番装腔作势的推辞,终于接受了魏元帝曹奂的禅让,建立了新的王朝,国号就叫晋。

第四幕,善待逊帝。

戏演到禅让这一幕,该闭幕了吧?还没有!还得有个漂亮的道德尾声,就是善待让出天下的逊帝。司马炎封让位的曹奂为陈留王,住在邺宫,享有万户的赋税,保留天子的礼乐,上书不称臣。曹奂此后又活了三十多年,看来小日子过得比当皇帝时成天担惊受怕好多了,五十多岁才去世,也算得以善终。

至此,我们说完了"魏晋禅让"这台全本大戏,不知诸位有什么感觉?旧时的舞台,最常用的一副对联就是"天地大戏场,戏场小天地"。中国文化的弊病之一,就是做戏的文化。就以禅让式的改朝换代来说,没有哪个皇帝愿意让出祖宗的基业,也没有哪个权臣不是急吼吼地想夺人天下,但中国自古讲究君臣大义,讲究上下之别,于是发明了禅让这玩意儿,使被篡与篡位的双方,都变成了尧舜般的圣君,这真是做足了最高政治舞台上的假戏。这样的假戏,从新朝的王莽到宋朝的赵匡胤,密集上演,只是让人感慨的是,一般的戏都会越演越好,这禅让戏却越演越粗糙不堪——汉魏禅让,演了曹氏父子两代;魏晋禅让,演了司马氏祖孙四人;到了赵匡胤篡夺后周,诸多的程序在一天之内就演完了!

表层的显相:由晋公到晋帝

假戏真做的"魏晋禅让"说完了,接下来要说的是,司马炎为何要以晋作为新王朝的国号?这个问题异常复杂。我们先看表层的显相,再看里层的隐相。

从表层的显相看,元朝学者胡三省为《资治通鉴·晋纪》作注时说:

> 司马氏,河内温县人。宣王懿得魏政,传景王师,至文王昭,始
> 封晋公,以温县本晋地,故以为国号。

按照胡三省的意思,因为司马氏的籍贯河内郡温县也就是今天河南温县
招贤镇,本来属于先秦时晋国的地盘,所以司马昭被曹魏封为晋公,等到
司马炎篡夺曹魏,就顺理成章地成为晋帝,并以晋作为新王朝的国号了。

司马昭封晋公,是在258年曹髦的时候,只是司马昭假意推让,没有
接受。等到263年曹奂的时候,再封司马昭为晋公,这次司马昭接受了。
司马昭晋公国的封域,在今天的山西省,"方七百里,皆晋之故壤"(《晋
书·文帝纪》),也就是都属于先秦晋国的疆域范围,所以就叫晋了。

那么,先秦的晋国又是怎么回事呢? 这个晋国是公元前11世纪周
朝分封的诸侯国,延续了六百多年,曾经是雄霸一方的强国,后来为韩、
赵、魏三家所分,所以今天的山西省简称晋,山西又称三晋大地。晋国的
开国君主,是周成王的弟弟叔虞。因为所封之地为古唐国故地,所以起
初国号也称唐。等到叔虞的儿子燮的时候徙居晋水之滨,遂改国号为
晋。为什么改国号为晋呢? 晋字的甲骨文与金文本义,是生长丰茂的谷
子,也就是生长得很好的稷。据《史记·鲁周公世家》记载,叔虞在国内
偶然发现了一株"异母同颖"的禾,也就是一株分蘖数枝、每枝都能结穗
的稷苗,受到了周成王与周公的高度表彰。我们曾经讲过,周朝是以农

业立国的，周国号就是田里种稷的意思；现在叔虞又发现了生长如此奇特、品种超级优良的稷苗，一旦推广种植，无疑将大大增加产量，这真是上天的恩赐啊。为了纪念这个事关国计民生的重大发现，于是国号也改唐为晋。当然，晋字以及晋国号这样的原始涵义，到了后来已不为人知，晋字的主要意义，变成了《说文解字》里解释的"晋，进也。日出，万物进。"也就是晋成了太阳出来、万物又快又高生长的会意字，并引申出上进、前进等的美义。

里层的隐相：代汉者当涂高

我们再说里层的隐相。司马昭逼迫曹魏的傀儡皇帝先后封他为高都侯、高都公、晋公、晋王，原都是为了应验"代汉者当涂高"的预言。

"代汉者当涂高"，是一条在汉晋时期长期流传的神秘预言。这条预言最可靠的初次出现，是在东汉初年刘秀与公孙述的书信中："代汉者当涂高，君岂高之身邪？"（《后汉书·阮嚣公孙述列传》）就好比求签问卦时得到的签文一样，虔诚者认为神秘的预言透露着未来的事实。就这条预言来说，"代汉者"意思清楚，就是代替汉朝的人，麻烦的是"当涂高"，由于意思非常模糊，解释的空间很大，也就不断地被人利用。

如东汉末年的野心家袁术就觉得是他自己。袁术是袁绍的弟弟，字公路，术（術）、公路都是大路的意思，当涂也是大路的意思。如"道听途说"，起初的写法就是"道听涂（塗）说"。袁术自作聪明地以为，自己的名与字都对上了"当涂"，恰好他又从孙坚的手里得到了汉朝的传国玉玺，于是匆匆称帝,结果被他最瞧不起的刘备打得一塌糊涂,心中一气,噎食而死。

再如东汉末年"挟天子以令诸侯"的曹操,又觉得是自己。因为有种解释,说"当涂高"姓当涂,名高,是位丞相。东汉本来不立丞相,曹操是东汉的第一位丞相,这就对上了身份。曹操为了成为"代汉者",还以魏作为他公国、王国的国号。"魏"本是古代天子、诸侯宫门上那巍峨高大的楼观的名称,魏立在通途大道上,而且很高,岂不就是"当涂高"? 到了魏王曹丕的时候,果然以魏代汉了。

有趣的是,等到已经把皇袍当内衣穿的司马昭,又认为他才是真正的当涂高。司马昭与当涂高怎么又联系上了呢? 考量司马昭逼来的封爵"高都"与"晋",都能够和"当涂高"扯上关系。高都本是地名,在今山西晋城市一带,因为地势高拔得名,而在古文字以及《说文解字》里,"高"是楼台重叠高大的象形字,"都"是城市的意思,"高都"就是当涂而高的楼台。至于"晋"字,上面说了,是上进、前进的意思,也就是说,司马昭由"高都公"变成"晋公",是由"高"上升到"更高",这个更高,不仅高过"魏",更显示出"代汉者当涂高"的预言,实际对应在"更高"的"晋"字上。如此,"晋"就是一个恰当无比的美号了,它既符合"代汉者当涂高"的神秘预言,又符合司马氏的籍贯与封域本来属于晋地的情况。

说到这里,有个疑问就浮现出来了:"代汉者当涂高"的预言,既然已经应验在曹魏代汉了,为什么司马昭还要在这条预言上做文章? 难道司马昭要"代"者是汉而不是魏? 事实正是如此。司马昭以晋为国号,司马炎以晋为新王朝的国号,其实隐含了以晋朝继承汉朝、不承认汉魏禅让的心态。

我们知道,司马氏与曹氏的阶级出身很不一样。河内温县司马氏属于名门望族,祖上就很辉煌。当年项羽分封十八诸侯王,殷王司马卬就是司马氏的先人;两汉的时候,"伏膺儒教"的司马氏出了多位高官。相对而言,沛国谯县(今安徽亳州市)曹氏的身份就差多了。曹操的祖父曹腾是东汉的宦官,宦官在许多人的眼里,是邪恶的化身;曹操的父亲曹嵩本来姓夏侯,成为曹腾的养子后才改姓曹的;魏武帝曹操,一旦遭人唾骂,也总少不了"赘阉遗丑"的大帽子。所以司马氏内心里根本瞧不起曹氏,司马懿起初就拒绝曹操的征召,曹操是以生拉硬拽的强制手段起用司马懿的。如此看来,在司马氏的潜意识里,禅魏只是"貂续狗尾"、不可不做的形式,他真正追求的,还是龙头凤尾的代汉或承汉的根本。再者,汉有天下是名副其实的,魏只是三分天下有其一;汉得天下是光明正大的,魏篡汉朝却很不光彩,这也使得司马昭觉得,如果新王朝的继承对象是曹魏,未免显得颜面无光、立身不正。反之,如果越过魏直承汉,那就完美了。这也正如东晋学者习凿齿所撰《晋承汉统论》所说:

> 除三国之大害,静汉末之交争,开九域之蒙晦,定千载之盛功者,皆司马氏也。而推魏继汉,以晋承魏,比义唐虞,自托纯臣,岂不惜哉!……季(刘邦)无承楚之号,汉有继周之业,取之既美,而已德亦重故也。……以晋承汉,功实显然,正名当事,情体亦厌,又何为虚尊不正之魏,而亏我道于大通哉!(《晋书·习凿齿传》)

如此,"晋承汉统"、汉又继周,"乃所以尊晋也",自然远远胜过"俯首于曹氏,侧足于不正"的以晋系魏。

好像剥笋一样,我们层层揭剥到最后,终于知道了真相:司马氏晋国号的由来,最根本的考虑,原是为了应验代表着天意的"代汉者当涂高"的预言,是为了表达鄙视曹魏、尊崇汉朝、远绍周朝的态度。只是这样极为隐秘、充满阴谋、非常有文化的"司马昭之心",恐怕就不是曹髦所说的"路人所知"了吧?

相对于有文化的"司马昭之心"弄出来的晋国号,这之后出现的又一个统一王朝国号——隋,就显得很没文化了。隋国号怎么个没文化呢?请看下一讲"隋:吉祥还是晦气"。

隋：吉祥还是晦气？

隋文帝画像

恶名掩盖下的卓著功业

从581年到618年,是中国传统历史纪年中的隋朝。隋朝从589年到618年的三十年,还被看作是统一王朝。也就是说,隋朝是继西晋以后,出现的又一个统一王朝。

单从"统一"二字来说,隋朝在中国历史上确实是居功至伟的。因为西晋以后,经历了东晋南北朝太长时间的分裂,纷纷扰扰之间,汉族以及入主中原的匈奴、鲜卑、羯、氐、羌等民族,竟然建立了三十多个割据政权,它们或同时并立,或前后递嬗,其间充斥着宫廷阴谋、军事混战、血腥屠杀,伴随着信仰的崩溃、文化的沦落、民族的压迫,当然也有着无法阻挡的民族的融合。正是隋朝,结束了这场将近三百年的大分裂,重建了以汉族为主体的统一的多民族国家。

然而在中国历代统一王朝中,除了隋炀帝杨广那些诸如下扬州、看琼花、赏美女的风流韵事,最后被手下将领宇文化及缢杀于扬州,落得个做鬼也风流的下场外,隋朝好像不太为人所注意。这里,为了加深诸位对隋朝的印象,我们不妨把隋朝与非常为人在意的秦朝作个比较。因为隋朝与秦朝,表现出了惊人的相似,这种相似,又反映出隋朝实在是个非同一般的统一王朝。

隋朝与秦朝都有哪些相似呢?

第一,都是长期分裂以后出现的统一王朝。秦朝结束了漫长的春秋战国的分裂,隋朝结束了漫长的东晋南北朝的分裂。

第二,都是十分强大而又非常短命的统一王朝。秦朝历时十五年,隋朝历时三十八年,而且都是传了三位皇帝:秦朝是嬴政、胡亥、子婴祖孙三代,隋朝是杨坚、杨坚的儿子杨广、杨广的孙子杨侑。当然,子婴与杨侑都是极短的过渡人物,不值得一提。

第三,王朝短命的原因,都与滥用民力有关。秦始皇帝嬴政修建阿房宫、骊山陵墓、长城、驰道、灵渠,人民无法承担,于是揭竿而起;隋炀帝杨广营建东都洛阳、开通大运河、修复长城、开凿驰道、不断发动大规模的对外战争,于是四十八家烟尘并起,天下英雄逐鹿中原。

第四,短命的秦朝与隋朝之后,又都出现了同样长寿的汉朝与唐朝,而汉朝与唐朝的长寿,基础又是秦朝与隋朝奠定的。如果我们再说远些,那就更有意思了,如在汉朝、唐朝的中间,都夹着个好像匆匆过客一样的统一王朝:汉朝的中间夹着王莽的新朝,唐朝的中间夹着武曌的周朝;汉朝、唐朝之后,又都再次进入分裂时代:汉朝之后是三国,唐朝之后是五代十国。这真是历史的循环啊,秦汉三国与隋唐五代,甚至春秋战国秦汉三国与东晋南北朝隋唐五代,就其分合治乱的大格局看,竟然是如此相似！这难道是历史的宿命吗？

第五，后世对秦朝与隋朝的评价，也有相似的地方，就是传统评价与现代评价差别很大。在旧时代传统史学的评价中，秦朝与隋朝的皇帝都是恶名昭彰。秦始皇帝嬴政、秦二世胡亥被斥为暴君，隋文帝杨坚被看作搞阴谋的高手、杀功臣的独裁者，隋炀帝杨广就更差了，被视为著名的浪子、标准的暴君，所谓"罄南山之竹，书罪未穷；决东海之波，流恶难尽"（《旧唐书·李密传》），"炀"这个谥号，也就是贪图花天酒地而荒怠政务的意思。连带着，秦朝与隋朝的形象都很糟糕。说到秦朝，古人习惯称为"暴秦"；说到隋朝，在后来伟大的唐朝面前，隋朝的形象不仅不高大，甚至显得有些猥琐。然而到了现代，在一些史学家的评价中，秦朝、隋朝的形象又伟岸高大了起来。单说隋朝，如认为是隋朝结束了分裂，重建了统一；认为是隋朝建立了以三省六部制和科举制为代表的新型政治体制，从而确定了此后中国历代王朝政权体制的基本特征。至于隋朝的皇帝，有些现代学者甚至认为，隋文帝杨坚可以胜过汉武帝刘彻、唐太宗李世民、宋太祖赵匡胤，隋炀帝杨广也堪称一代雄豪、绝世才子、富有气魄的政治家。

讲到这里，有个问题值得我们深思：为什么古今对于秦朝、隋朝的评价如此悬殊？我想，其中的关键，应该在于评价标准的不同吧。传统的评价，重视人物的气节、王朝的道德；现代的评价，重视人物的功业、王朝的作为。秦朝、隋朝，都是中国历史上少见的大有作为的王朝，嬴政、杨坚、杨广都是中国历史上少见的功业卓著的皇帝。然而秦朝、隋朝大有作为的同时，是滥用民力、实行暴政；嬴政、杨坚、杨广功业卓著的同时，是好大喜功、道德不堪。其实,对于皇帝这类政治人物,对于改朝换代这类政治现象,还是应该以政治为标准进行评价!跟专制时代的皇帝谈道德和仁爱,无异于缘木求鱼。而如果我们以政治为标准,那么,隋朝的大有作为、功业卓著,既表现在平陈朝、创制度、裁冗官、开运河、修长城、建两都、败突厥等等方面,也表现在各种名号中。如杨坚的开皇、仁寿年号,杨广的大业年号,就寄寓了圣皇启运、仁德长寿、光大伟业等等的美义与追求。为了实现这样的美义与追求,杨坚、杨广父子积极进取,梦想着成就一番经天纬地的大事业。只是在这样的心态指导下,杨坚尤其是杨广的种种作为,太为急躁,太过张扬,太不体恤民力,所以,当那外表光鲜的大隋帝国巍然呈现的时候,也就成了它轰然倒塌之时,留下了无尽的是非功过让后人评说。

后人对于隋朝的评说,充满了纷歧;有趣的是,对于隋朝的政治文化符号也就是隋国号,古往今来的说法同样存在着纷歧:有人认为这是个吉祥的国号,也有人认为这是个晦气的国号。这又是怎么回事呢?

打虎将随国公杨忠

我们还是先说说隋国号的由来吧。

隋的国号始自杨坚。581年二月十三日甲子,正好是惊蛰之日,在长安也就是今天的西安,杨坚接受了北周皇帝宇文衍的禅让,宣布定国号为隋。

隋作为国号,是突然出现的。就在接受禅让之前,杨坚的身份还是随王。杨坚这个随王的身份，又是从随国公晋升来的。原来，杨坚的父亲杨忠就是北周的随国公，杨忠去世以后，父死子继，杨坚袭爵随国公。

没有杨忠被封为随国公，就没有后来称为隋的这个王朝。隋朝建立后，杨忠被追赠为隋太祖。那么杨忠又是什么人物呢？

杨忠出自武川镇军人世家。武川镇在今内蒙古呼和浩特市西北的大青山北麓，这是一片天苍苍、野茫茫、风吹草低见牛羊的地方，集聚着北魏政权防御北方草原民族柔然、突厥侵扰的精兵强将。从这片地方，曾走出了无数的英雄豪杰，如北周、隋、唐三代皇帝家族的祖先，都是出自武川。具体到杨忠，往上数四代，就是北魏武川镇司马杨元寿。在这样的军人家庭中，杨忠练就了一身的好武艺，而且形象极佳。《周书·杨忠传》说他"美髭髯，身长七尺八寸，状貌瑰伟，武艺绝伦，识量沉深，有将帅之略"。如果杨忠是个红脸汉子的话，那活脱脱就是再世的关公了。杨忠怎么个"武艺绝伦"？讲个故事吧。话说杨忠有一回陪着西魏权臣宇文泰狩猎，不料一只猛虎突然窜出，直扑宇文泰，千钧一发之际，美髯公杨忠伸出左手，拦腰夹住了半空中的猛虎，猛虎张开血盆大口，好个杨忠，又伸出右手，紧紧扯出了猛虎的舌头，叫它动不得，也咬不得。缓过神来的众人急忙一齐上前，缚住了猛虎。自此，杨忠便得了"杨揜于"的称号。"揜于"，在当时北方民族鲜卑语中，是猛虎的意思。杨忠又怎么个"有将帅之略"？这打虎将杨忠凭借着显赫的军功，先为西魏十二大将军之一，再为取代西魏的北周六位柱国大将军之一，并于559年受封为随国公。

杨忠为何被封为随国公呢？追根求源，又要说到夏、商、周三代中的周朝了。在周朝的大分封中,汉水东边的一块地方,封了个姬姓宗亲诸侯国"随"国。周天子希望这个封国能够紧随周王室、服从号令、拱卫周朝的南土,所以定国号为随。等到了战国前期,随国为楚国所灭。但随国的中心地区,也就是现在的湖北随州市一带,还一直以随为名。到了西魏北周时,这里设有随州、随郡、随县。而在那风云动荡的战争年代,杨忠在这一带屡立战功,"尽定汉东之地,宽以御众,甚得新附之心"(《周书·杨忠传》)。遥想周朝时,"汉东之国,随为大"(《左传·桓公六年》),随是周朝在南土的重要依靠;而西魏北周拥有这块与南朝对峙的稳固的战略要地,也以杨忠居功最伟。所以北周开国伊始,就封杨忠为"随国公",以褒扬他扬威汉东的杰出贡献。

杨坚的长相与性格

杨忠随国公的封爵,是后来杨坚隋国号的由来。568 年杨忠去世后,曾经担任过随州刺史的长子杨坚继承了随国公的爵位。杨坚的长女杨丽华,是北周宣帝宇文赟的皇后。580 年,年轻的宇文赟死后,宇文赟之子、小皇帝宇文衍年仅八岁。于是老国丈、随王杨坚经过一系列的宫廷阴谋、一连串的镇压反叛、一整套的禅让程序,篡夺了北周王朝的天下。581 年二月甲子,杨坚登极称帝,"随王"杨坚成了"隋帝"杨坚。

隋朝的开国皇帝杨坚是位怎样的人物呢? 他的父亲美髯公杨忠,是凭借军功得为随国公的,而杨坚既无特殊的军功,手里也没有掌握军队,那他凭什么得到天下? 是凭他特别的长相、特别的性格吗?

　　杨坚生于佛寺、长于佛寺,寺里的尼姑智仙给他起个了小名叫"那罗延",而那罗延在佛典里是金刚力士的意思。作为将门之子,杨坚没显出什么超凡的武艺。不过麻烦的是,当时社会上流行相面,迷信凡圣有别,奇人必有异相,而据《隋书·高祖纪上》记载,杨坚"为人龙颜,额上有五柱入顶,目光外射,有文在手曰'王',长上短下",这样特别的异相,深为当朝皇帝所猜忌。有一次,北周明帝宇文毓派遣善于相面的赵昭,观察杨坚日后会不会成为奸雄。赵昭一边对宇文毓说:"不过作柱国耳。"也就是说,杨坚不过是做柱国大将军的料;一边又悄悄地告诉杨坚:"公当为天下君,必大诛杀而后定,善记鄙言。"他告诫杨坚:杨公,你以后肯定会为天下之君,但要经过一番诛杀,然后才能安定。请杨公一定记住我的话。心里藏着这样的秘密与期待,为了避免出事,杨坚深居简出、韬光养晦,言谈举止处处小心,一副平庸木讷的样子,由此又养成了他特别工于心计的性格。而杨坚从避祸的外戚,一变成为操纵中枢的权臣,纯出偶然。因为二十二岁的太上皇女婿、一口气立了五位皇后的宇文赟荒淫无度,突然驾崩于行宫,看上去没啥本领的杨坚,被宇文赟身边的侍臣召到行宫,主持大事。这些侍臣的想法,是把杨坚弄来当个傀儡,没想到杨坚其实是个深藏不露、干练无情的厉害角色,很快就控制了宫廷、控制了朝政、控制了首都,拉拢了一批元老大臣,平灭了多方反抗势力,于是一个新的王朝,就如同他的小名"那罗延"金刚力士一样,强势出现在东方的地平线上。

　　杨坚开国称帝的时候,刚过不惑之年——四十一岁。他雄心勃发,立志超越以往任何一位帝王,成为救世的圣主。他的励精图治,迎来了盛世;他的远大志向,促成了统一。他还是位特别讲究名号的皇帝。他以开皇为年号,表达出了他除旧布新、亿万斯年的宏伟抱负;他设置隋安、隋康、隋昌、隋兴等县,反映了他希望新王朝安康昌兴的美好愿望;他仔细斟酌,以隋为国号,寄寓了他改变宿命的追求。然而十分不幸的是,杨坚确定的这个隋国号,却备遭后人的议论乃至嘲讽,似乎成了中国历代国号中最没有文化的一个国号。这到底是怎么回事呢?我们不妨从当事人与议论者双方来看这个问题。

改随为隋:当事人的考虑

当事人当然是杨坚。随王杨坚登极做皇帝时,改"随"为"隋"。比较起来,繁体字的"随"与"隋",实际差别只在一个"辶",也就是我们习称的"走字旁"。那么,杨坚为何要把"辶"去掉呢?这事在《隋书》、《北史》、《周书》等史籍中都没有说明,较早提到这个问题的是唐末的李浩。李浩的推测是:"随以魏、周、齐不遑宁处,文帝恶之,遂去走,单书隋字"(《刊误》)。后来南唐的徐锴也说:"随文帝恶随字为走,乃去之成隋字。"(《说文解字系传》)这样的说法历久流传,而影响最大的,是宋末元初著名学者胡三省注《资治通鉴·隋纪》中的一段话:

> 杨忠从周太祖,以功封随国公;子坚袭爵,受周禅,遂以随为国号。又以周、齐不遑宁处,去"辶"作"隋",以辶训走故也。

"辵"就是"辶",所以这段话并没有改变李浩、徐锴的观点,只是表述得更加系统、全面、明确。而直到现代学者如白寿彝先生主编的《中国通史》中,仍然赞同这种说法。

按照这种说法,我们可以做出如下的判断:原来,在杨坚的隋朝之前,北朝的东魏、西魏、北齐、北周都是短命王朝,分别只有十七年、二十三年、二十八年、二十五年的国运,杨坚害怕自己的新王朝也"不遑宁处",就是没有时间安定下来即行灭亡。然而非常麻烦的是,父亲杨忠始封的"随国公"、自己袭封的"随国公"、进封的"随王",具有符号意义的"随"字,不仅有"随从"、"跟从"短命的前朝的暗示、隐喻,更要命的是,那个走之旁"辶",还能理解出立足不稳、慢慢走失了运气的意思,这真是太不吉祥了!于是杨坚考虑再三,终于在登极前夕毅然决然地去掉"辶",改"随"为"隋"。

说到这里,诸位朋友也许会有疑问了,杨坚为什么不干脆换一个与"随"、"隋"都不搭界的吉祥字呢?问题在于,如果这样做了,那就违背了传统,而传统的力量在以农立国、重视经验、托古改制的中国,往往是很大的。杨坚生活的时代,已经形成了禅代前朝、更建新朝,就沿用前朝封爵作为国号的传统。如杨坚之前诸多王朝的国号,曹丕的魏、司马炎的晋,南朝刘裕的宋、萧道成的齐、萧衍的梁、陈霸先的陈,北朝高洋的齐、宇文觉的周,都是这么来的。具体到杨坚,大概也无意于背离这个传统,以免引起不必要的混乱。这样看来,杨坚对于新王朝的国号,实际没有多大的选择余地,他只能沿袭前朝的封爵,或者在前朝的封爵上稍做文章,而杨坚最后交出的文章,就是改"随"为"隋"。

　　杨坚改"随"为"隋"的好处在于：首先，避去了感觉晦气、看着不顺眼的走之旁"辶"；其次，"隋"与"随"在字形、字音方面变化不大，而且"随"字本来就可以省笔写作"隋"；第三，"隋"能与"随国公"、"随王"的封爵衔接起来，既不与传统习惯发生明显冲突，又能显示出新的"隋朝"也是渊源有自的。如此，我们可以认为，"隋"是杨坚仔细斟酌出来的、表达改变国运短促与政局不稳之宿命的、颇有讲究的新国号。

改随为隋：议论者的嘲讽

　　然而，不以杨坚意志为转移的是，他这样的美好想法，并没有得到后人的公认。不仅得不到公认，而且"隋"国号还遭到了后代许多文人的冷嘲热讽。问题出在哪里呢？就出在"隋"字的字义上。

　　隋字是什么意思呢？东汉许慎的《说文解字》说："隋，裂肉也。"南唐古文字学家徐锴联系"随"字，作了进一步的解释："隋，裂肉也，其不祥大焉。殊不知随从'辵'，'辵'，安步也，而妄去之者，岂非不学之故？将亦天夺其明乎！"（《说文解字系传》）徐锴的这种说法，又为宋、元、明、清时代许多学者所遵从，并且有所发挥。如南宋王观国说："案字书，隋……其义则落也，惰也，裂肉也。……隋文帝不审其字形离合之义，而轻于增损，只取笑于后世耳。"（《学林》）南宋罗泌说："隋者，尸祭鬼神之物也……杀裂落肉之名也。卒之，国以隋裂而终。"（《路史》）明代焦竑说："随，安步也，吉莫大焉。隋，裂肉也，不祥莫大焉。而妄改之，不学之过也。"（《笔乘》）如此等等，不烦举例。虽然"安步也"即走走停停、闲庭信步是"辵"的意思，"随"并不能解释为"安步"，也谈不上"吉莫大焉"，但可以肯定的是，"随"还是比"隋"要好，因为在"隋"字的诸多义项中，主要的一个义项"裂肉"（"月"就是肉的意思），也就是没有用处的残余祭品，或者说是祭祀以后要埋掉的残肉剩食，这样的意思，确实不好，确实太不吉利。

　　说到这里，我们真的要发出"呜呼"的感叹了！我们中国人细密的文字音、形、义分析功夫，实在是无以复加。而在这样的分析功夫下，稍有不慎，就会"贻笑大方"。举些例子：网络上曾经热烈讨论过湖北省的简称"鄂"是否应该改为"楚"，持肯定观点的人认为："鄂"字的读音和"罪恶"的"恶"一样，而且"鄂"字两个口、一个耳、一个亏，意思是湖北人好斗、不团结，领导又爱偏听偏信，最后的结果是大家都吃了亏。当然这是瞎说。鄂字的左边是徒手击鼓的意思，右边是城市的意思，组合起来其实意思蛮好的。这是字形的分析"功夫"。也有做字义的文章的：如三国时的蜀汉，开国皇帝是刘备，继承刘备做皇帝的是他的儿子刘禅，就是那个"扶不起的阿斗"，刘禅后来投降了曹魏。蜀汉为什么会二世而亡呢？当时的大学者谯周就说是名字出了问题，备是准备，禅是禅让，这不明摆着准备好了禅让给人家吗？不过谯周可能忘记了，刘备在这之前还有个养子叫刘封，封加禅就是"封禅"，那可是皇帝才能主持的拜祭天地的仪式啊。也有做字音的文章的：如清末民国时日本人喜欢称我们为"支那"，但我们不喜欢这个称呼，因为字面意思就很不好，"支那"，支解那里，所以我们反戈一击，按照英语 Japan 的发音，选了"假扮"这两个字称呼日本。至于杨坚，就因为他闹了个很悲剧的笑话，改出个"不祥莫大"、非常晦气的"隋"作为国号,而被看成是"取笑于后世"的"不学无术"者,而他的国运,也因此而无法长久。

应该也是在这样的文化背景之下,"隋"国号在后代确实不被认可。证据之一就是,没有哪个王朝愿意沿用这个国号。回顾一下我们前面谈过的国号,如夏、商、周、秦、汉、晋等,后来都曾被直接沿用或间接沿用过,而由夏到华夏,由秦到 China,由汉到汉族,更显示出这些国号鲜活的生命力与广泛的影响力。比较下来,隋国号就孤单寂寞了,在中国历史上堪称独一无二,没有一个继承者。这其中的关键,应该不在隋朝短命的形象或滥用民力的恶名,因为秦朝更加短命、更加滥用民力,而被杨坚"妄改"的这个"隋"国号,在后世帝王将相、文人学者的心目中,实在显得太没文化,是个失败之举,"隋"国号甚至被认为可怕地预言了隋朝的分裂与灭亡!

由隋国号的例子,我们还可以思考中国名号文化中的一些特点。取名定号,不能仅仅自以为是、自说自话,还要全面周详地考虑到别人可能会有的想法与解释,不能给别人留下不好的话柄。以杨坚来说,因为父亲杨忠立功于先秦的随国故地,被封为随国公,自己也继承了随国公的爵位并升格为随王;又因为感觉到"随"字寓意不祥,所以去掉"辶",以"隋"作为新王朝的国号;但是,"隋"毕竟可以发掘出许多不好的意思,如裂肉、垂落、松懈,于是在后人东拉西扯的解说中,"隋"就成了中国历代王朝中"鸡立鹤群"一般、最没有文化的一个国号,备受嘲讽,甚至隋朝的短命,也被认为与这晦气的"隋"国号有关。如此看来,唐初史臣在《隋书·高祖纪下》中对杨坚的评价,所谓"天性沉猜,素无学术……不悦诗书，废除学校"，真有一定的道理。作为开国皇帝，杨坚的文化修养与文字学功底，确实亟待提高！

　　隋灭唐起。与隋朝的短命不同，唐朝是长寿的；与隋国号缺乏文化、感觉晦气不同，唐国号被看作是有文化、讲道德、浩浩荡荡的美号。那么，唐朝是怎样建立的？唐国号又是什么意思呢？请看下一讲"唐：神尧皇帝开创的伟大王朝"。

唐：神尧皇帝开创的伟大王朝

唐高祖画像

令人自豪与痛惜的时代

"唐人街"这个称呼，大家应该都很熟悉，它指的是外国有些城市里，华侨或中国血统的外籍人聚居的街区。说起来，这样的称呼也算历史悠久了。早在 7 世纪后，外国人就称中国为"唐"，称出国求法说法的中国僧人为"唐僧"，称航行海上的中国商船为"唐舶"。有趣的是，宋朝、明朝的时候，政府曾屡次要求老外改称中国为"宋"、为"明"，但就是没有效果，老外还是习惯称"唐"。不仅老外，近代以来，东南亚各国以及美国等地的华侨也称祖国为"唐山"，我们自己也称传统的中式服装为"唐装"，还认为不熟读"唐诗"就不算正宗的中国人。

这一连串的"唐"，就来自我们这一讲要说的唐国号。中国历史上以唐为国号的统一王朝，从 618 年到 907 年，减去中间武曌改唐为周的十五年，还有二百七十六年。二百七十六年，是中国王朝史上很有趣的一个年数：大明纪年，从 1368 年，到 1644 年，也是二百七十六年。为什么都是二百七十六年？又为什么秦朝、新朝、武曌的周朝都是十五年？是不是冥冥当中，有天意在起作用呢？不知道。

我们知道的是，在唐朝以前，外国人习惯称中国为"汉"；在唐朝以及唐朝以后，外国人习惯称中国为"唐"。为什么会出现这样的情况呢？中国历史上的汉、唐两朝，国势强大，声教远播，超迈前古，对周边各国都发生过重大影响，中外之间的经济与文化交流也非常繁荣，所以域外常称中国为汉、为唐。

说起汉、唐时代的中外交流，汉代有德国地理学家李希霍芬（Ferdinand von Richthofen）首次命名、以陆路为主的"丝绸之路"；唐代除了"丝绸之路"外，更有为人称羡、以海路为主的"陶瓷之路"、"书籍之路"，于是发展下来，唐这个字眼、这个朝代、这个国号，就成了中华文明昌盛的象征与标志，并且历宋、元、明、清直到现在而未改。

的确，唐朝是当得起中华文明昌盛的象征与标志的。说到唐朝尤其是"安史之乱"以前的唐朝，我们从不吝啬赞美之词，"汉唐盛世"、"大唐气象"、"盛唐文明"，那是让国人提气来神的伟大时代。这个时代，胡风汉韵杂糅，国家刚健尚武，人民开放崇文，充满着豪迈、兼容、创新、自尊、自信的社会心态与群体行为，洋溢着积极向上、快乐祥和的生活氛围；明君、贤相、名将，高僧、文杰、超女，学术大家、科技巨匠，仿佛群星闪耀；律令、典章、制度、疆域，尽显大国强国气度；诗歌、绘画、书法、雕塑、乐舞、服饰的绚丽，堪称中国历史之最，外国使臣、商人、僧侣、学生的到访数量与倾慕之情，也可谓绝后空前。中国唐史学会副会长胡戟先生曾经统计：在中国历史上，治世盛世不过占5%左右的年头，而唐朝"安史之乱"

以前的一百三十多年里，先有"贞观之治"，后有"开天盛世"，累计治世盛
世的时间，竟然达到超过半数的七十多年，这是创记录的，也是令人自
豪的。

令人昂首自豪的唐朝，同时也是令人扼腕痛惜的唐朝。前期的自
豪与后期的痛惜，转折点在 755 年到 763 年历时八年的"安史之乱"。
雄踞一方、尾大不掉的藩镇势力，奸臣当道、将相不和的政治格局，引
发了这场导致大唐王朝中衰的动乱。从此，分庭抗礼的藩镇，中央集
权的削弱，社会矛盾的激化，边疆民族的进攻，就构成了唐朝后期颇显
无奈甚至悲怆的主旋律。当然，无奈使人思考，悲怆让人深刻，唐朝后
期财政制度的改革，南方经济的发展，商业城市的增加，韩愈、柳宗元
的古文运动，新的文学形式——词的出现，以及对于藩镇割据的反思，
又都拉开了接下来的统一王朝宋朝的序幕。正如陈寅恪先生所指出
的："唐代之史可分为前后两期，前期结束南北朝相承之旧局面，后期
开启赵宋以降之新局面，关于政治社会经济者如此，关于文化学术者
亦莫不如此。"（《论韩愈》）

令人自豪、令人痛惜的唐朝，大概还是中国历史上名声最好的王朝
之一。唐朝没有特别混蛋的皇帝，也没有特别丑恶的宫廷政变，却有着
以德治国的美名。尤其是第二代皇帝唐太宗李世民，时时以"亡隋之辙，
殷鉴不远"说事，强调以人为本、爱惜民力，致力于为国家建立公平和谐
之制，为社会筹划长治久安之道。唐朝得到美名的关键，应该就是唐太
宗每每引为国训的那句古语："水能载舟，亦能覆舟。"那浩渺的滔天大
水，是最广大的百姓；那水面的一叶扁舟，是最少数的皇帝。皇帝对于百

姓能有这样的敬畏之心,才能成为能够善终、获致美名的皇帝。

这样的伟大的唐朝,真是我们的祖先以笑声与热情、用眼泪和死亡留给我们的宝贵资源。治乱的循环往复,盛衰的转瞬之间,如此的宏观问题,关节究竟何在? 需要智慧的求索;至于诸多有趣也有意义的细枝末节,如唐玄宗、杨贵妃的醉生梦死,是否打下了杨贵妃的干儿子、"杂胡"安禄山反叛的伏笔? 不同于一般王朝创业大帝的杰出与守成之主的平庸,在世人的印象中,唐朝开创者李渊是极其平庸的,而杀兄、屠弟、逼父的继位者李世民却是非常杰出的,历史事实果真如此吗? 甚至很少为人关注的唐国号,究竟是如何得来的,表达了怎样的寓意? 这些,也都需要我们求索的智慧。

话说从头,开宗明义,下面,我们就来回顾一番唐朝建立的过程,求索一番唐国号的来源取义。

"平庸"的英雄

杨家隋朝的天下,得来轻易,丢失得也快。隋朝建立刚过三十年,就四十八家烟尘并起,天下英雄逐鹿中原,而最后的赢家,是当初谁也没有留意的李渊。618 年五月,隋炀帝杨广的孙子、李渊所立的十四岁的皇帝杨侑在长安(今陕西西安市)禅位给唐王李渊,李渊即皇帝位,国号唐,唐朝建立。到 624 年时,李渊平定各方势力,统一的大唐王朝正式形成。

李渊的成功,得益于多种因素的共同作用。

第一,他有个好出身。李渊生有异相,"体有三乳,左腋下有紫志

(痣)如龙"(《太平御览·方术部·相》)。"体有三乳",比周文王的"胸有四乳"(《帝王世纪》)少一乳,比平常人多一乳。古代以多乳为有福、为仁义,这李渊确实有福。李家是西魏、北周、隋朝的世袭军事贵族家庭,历封唐国公;李家是北周、隋朝帝室的亲戚,李渊的母亲独孤氏与北周明帝宇文毓的独孤皇后、隋文帝杨坚的独孤皇后是姐妹关系,她们都是北魏西魏北周大将、鲜卑贵族独孤信的女儿(分别为四女、长女、七女);李渊七岁就袭封唐国公,入仕很早。作为朝廷显贵,李渊可以说是隋朝政治体制的既得利益者。

第二,他有个好性格。复旦大学韩昇教授指出:"在开国皇帝中,唐高祖李渊最平庸,平庸得让人难以相信这等人也能创立江山。"(《苍茫隋唐路·尘封献陵》)李渊怎么个平庸法呢? 在君主眼里,他虽有相当地位,却无政治野心,胖胖乎乎,憨厚可爱,胸无大志,怎么捏他,都报以傻笑,只会在女人面前展示英雄身手。这样的人,君主看得舒心,用得放心;在朋友与手下的眼里,他脾气随和,嘘寒问暖,礼贤下士,不拘小节,有钱大家花,有乐一起耍,政务得过且过,是个官场老油条,但也不是酒囊饭袋。如骑马弯弓,他就能够做到箭无虚发。这样的人,够朋友,讲义气,有本领,所以文武人才乐于效命。

第三,他得了块好地方。隋末烽烟四起时,隋炀帝杨广挑来拣去,最终选中了年龄相仿、自小一起玩耍的表兄李渊。615 年,李渊出任山西河东慰抚大使。617 年,李渊又官拜太原留守。我们知道,山西这个地方,战略地位非比寻常:向北是广袤高亢的蒙古草原,往南是天下要害的中州大地,东有巍巍太行作为屏障,西有滔滔黄河作沟堑;至于山西的太原,既为防御北方草原民族突厥的军事重镇,又是西京长安、东都洛阳的重要屏障。正是依托着山西居高临下的地势与太原精骑锐卒的强大,李渊瞅准机会,于617年七月起兵太原,一路克捷,十一月就进入隋都长安,并于618年五月顺理成章地变成了唐帝。

第四,他把握住了好机会。李渊从起兵到称帝不到一年,从称帝到平定天下也就六年的光景。为什么会这样顺利?关键在于他把握住了有利时机。隋朝末年,那是一个遍地造反、英雄辈出的年代。我们读读演义小说《隋唐演义》、《说唐》,自会产生一种酣畅淋漓的快感。这各路英雄豪杰,或忙于同隋军纠缠、厮杀、鏖战,或热衷于争权夺位、称王称帝,唯有李渊呆在太原,不动声色地招兵买马、养精蓄锐。而等到互斗的豺狼虎豹或死或伤、或弱或疲之时,李渊方才举起替天行道的义旗,号令全军,直扑长安,开国建唐。直到这时,各路的英雄豪杰才对李渊有了点感觉,但是为时已晚,唐军从容出关,风卷残云,一统江山。然而也是因此之故,唐朝的天下便显得唾手而得,李渊的开国道路也显得平庸无奇。

李渊果真平庸无奇吗?不是的!他委实是个足智多谋、深藏不露、善于隐忍的厉害角色。隋末最成功的英雄是谁?不是翟让、程咬金、秦叔宝、尉迟敬德这些造反者,也不是杨玄感、李密这些野心家,而是在风起云涌的起义浪潮中,避开锋芒,静候时机,适时出击,开国建唐的隋朝旧贵李渊。这样的李渊,虽然称不上道德意义上的豪侠好汉,却是政治层面上的杰出人物。

回顾了李渊的成功因素与唐朝的建立过程,问题又来了:李渊开创的这个王朝,为何国号称"唐"?看过前面"晋国号"、"隋国号"两讲的朋友，可能已经"审美疲劳"了：唐国公、唐王、唐帝，按照流程，走走过场呗。的确如此！但我们还是得向上追溯，因为一旦追溯上去各位就会发现，李渊以唐为新王朝的国号，形式上看只是直接继承了李氏家族的唐国公爵位，实质上则是寄托了创建一个讲求道德的伟大王朝的美好愿望。这又是怎么回事呢？我们得从李渊的祖父李虎说起。

擒豹将唐国公李虎

李虎的时代与身份，与我们上一讲说过的杨忠非常接近。隋朝建立后，追赠杨忠为隋太祖；唐朝建立后，同样追赠李虎为唐太祖。李虎与杨忠一样，也出自武川镇军人家庭，李虎的祖父李熙，北魏时在武川镇为将。杨忠为宇文泰打虎，李虎为宇文泰擒豹。原来，李虎经常陪同宇文泰在北山下检阅军队，这里豹子出没，经常伤人，后来，这豹子给李虎碰上了，竟被神勇的李虎捉住杀掉，宇文泰由衷地赞叹道："公之名虎，信不虚也。"（《册府元龟》）

喜欢骑马射箭、威风八面的李虎，凭借着军功，做到了西魏的太尉，在八位柱国大将军中，他仅排在权臣宇文泰之后，赫然位居第二，并受封为赵郡公，后来改封陇西公。等到宇文泰的儿子宇文觉接受西魏禅让、建立北周王朝时，李虎虽然已经去世，仍被列为开国第一功臣，后来又被追封为唐国公。李虎的儿子，是北周袭封唐国公的柱国大将军李昞，李虎的孙子、李昞的儿子，就是北周唐国公、隋朝唐国公与唐王、唐朝的开国皇帝李渊。

如此看来，李渊建立新的王朝，以唐为国号，继承的仍然是魏晋南北朝隋时代的一贯传统，即以祖上与自身的封爵为国号，从而显得渊源有自，所以并无什么新意。问题在于，李虎为什么被西魏、北周先后封为赵郡公、陇西公特别是唐国公？这事细说起来挺复杂的，简而言之，李虎的远祖是赵郡李氏，赵郡在今天的河北省，这支李氏据说是战国时期赵国名将李牧的后代；等到李虎跟随宇文泰进入关中后，为了抬高身价，又假托出自陇西李氏。陇西郡在今天的甘肃省，这支李氏更不得了，周朝的老子李耳、西汉的"飞将军"李广、十六国时西凉国的创建者李暠，都被说成是陇西李氏中人。南北朝时，陇西李氏更被推为天下第一等的高门。所以，李虎受封的赵郡公、陇西公，都与李氏本来以及假托的先世有关；而李虎被追封的唐国公，其实也不例外。这又怎么理解呢？

李虎从西魏的陇西公，到北周的唐国公，是由郡公到国公，也就是升了一等。为什么升为唐国公而不是别的某国公呢？按照陈寅恪先生在《三论李唐氏族问题》文中的细密考证，"凡依等进封，以能保留元封之名为原则，故其取名多从元封地名所隶属之较大区域中求之。若不得已，则于元封地名相近之较大区域中求之。若犹无适当之名，则尽弃与元封有关之名，别择一新号。"就前两条原则论，可供"当日之拟封号者"为李虎追封国公选用的先秦时代的国名，有曾经包含了陇西郡地域的秦，曾经包含了赵郡地域的赵、魏、晋、唐、中山。但魏已经是此前北魏、东魏、西魏王朝的国号，秦、赵、晋也都另外封了别人（宇文直、李弼、宇文护），中山由于各种复杂原因，"复不可为进封国公之号"。如此这番地排除下来，"当时司勋拟号之官，若不别择一新号，而尚欲于旧时封地之名有所保存联系者，则舍唐国莫属"。也就是说，按照排除的方法，只有"唐"还能用,所以李虎被追封为"唐国公",几乎就是唯一的选择。

那么,这个孕育了后来大唐国号的先秦唐国,又是怎么回事呢?我们还得向上追溯。

神尧皇帝李渊

先秦时代,也就是在秦朝建立以前的漫长时代里,国号称唐的国家,先后有过三个。

一是传说中帝尧的唐国。这个唐国,先为帝喾分封给其子尧的封国,后为天下之号。今天的河北、山西、河南、山东等地,都可以见到与帝尧相关的遗迹,河北唐县与山西太原、临汾、翼城等地,据说都做过唐国的都城。夏朝与商朝时,作为帝尧后裔的小封国,唐国在今山西翼城县一带,直到周成王时结束,周成王改封了他的弟弟叔虞。

二是周成王分封弟弟叔虞的唐国,在今山西翼城县一带,不过到了叔虞的儿子燮的时候,就改国号为晋了。

三是周朝分封的姬姓的唐国,在今湖北随州市西北的唐县镇一带,公元前505年为楚所灭。

具体到李虎的唐国公封号,来源于先秦的哪个唐国呢?可以肯定地说,来源于帝尧的唐国。我们做出这样的判断,主要依据李虎的孙子李渊的所作所为、所思所想。

第一,李渊称帝之前,就以兴复帝尧的唐国为远大志向。

按照李渊的文字秘书温大雅在《大唐创业起居注》中的记载,当李渊奉诏前往太原,担任山西河东慰抚大使时,"以太原黎庶,陶唐旧民,奉使安抚,不逾本封,因私喜此行,以为天授。所经之处,示以宽仁,贤智归心,有如影响"。这段话的意思是,李渊接到任命时,心中窃喜,想到太原本是古代陶唐氏帝尧的故国,自己又是当今的唐国公,现在让我来安抚这块地方的黎民百姓,真是天意啊!于是一路上,李渊表现得宽厚仁慈,贤人智者也都风靡投靠。再等到李渊被任命为太原地方军政长官也就是太原留守时,他更是"私窃喜甚",得意忘形之下,他对儿子李世民吐露了心迹:"唐固吾国,太原即其地焉。今我来斯,是为天与。与而不取,祸将斯及。"这段话的意思更加明确了:我本是唐国公,太原本是我的封地,今天我来到这里,乃是天意要我建功立业。如果我犹豫不决,就会大祸临头。这样看来,李渊在太原起兵前,已存不臣之心、割据之意,并以光大帝尧的唐国为政治目标。

第二,李渊驾崩之后,他的后人称他为"神尧皇帝"。

635年,七十岁的太上皇李渊驾崩,庙号"高祖",谥号"太武皇帝"。有趣的是,等到674年的时候,他的孙子李治皇帝与孙媳妇皇后武曌,把他的谥号改为了"神尧皇帝";李治的孙子李隆基做皇帝时,又先后增谥为"神尧大圣皇帝"、"神尧大圣大光孝皇帝"(《新唐书·高祖本纪》)。我们知道,谥号是古人依据死者生前行迹评定的一种称号,意在盖棺论定,褒贬善恶。西周的时候,就已经形成了严格的谥号制度。到了秦始皇帝嬴政,认为谥号有"子议父,臣议君"(《史记·秦始皇本纪》)的嫌疑,所以废除谥号,从他这个始皇帝开始,想传二世、三世以至无穷。等到汉朝建立,又恢复了谥号制度。皇帝的谥号,如文、武、景、明、烈、睿、康、庄等等是褒义,灵、厉、炀等等是贬义,还有同情色彩的谥号如哀、怀、愍、悼等等,至于献帝、恭帝、顺帝一类,就是胜利者对失败者的嘲笑了。起初谥号是单字,大概因为皇帝的事迹无论褒贬,都难用单字概括,所以又发展出多字的谥号,清朝皇帝的谥号更是叠床架屋地到了二十多个字。如爱新觉罗玄烨,就是我们习称的康熙皇帝,年号"康熙",庙号"圣祖",谥号"合天弘运文武睿哲恭俭宽裕孝敬诚信功德大成仁皇帝"。说到李渊的谥号,起初的"太武皇帝",明显是表彰他开基创业丰功伟绩的;改谥的"神尧皇帝",既反映了后来的唐朝皇帝把开国大帝李渊看作是帝尧的重生、当世的尧帝,也十分贴合李渊称帝前的心志、称帝后的自况。所谓"知子莫若父",而从李渊的后代们如此理解李渊最想得到什么来说,其实反之也是成立的,"知父莫若子"。

说到这里,我们就还剩下最后一个疑问需要解答了:北周追封李虎为唐国公,只是简单地因为李虎属于赵郡李氏,赵郡一带又属于上古时代帝尧的唐国故地。而到了心存大志的李渊,却以帝尧自况,意欲取代隋朝,再建唐国。那么,帝尧以及帝尧的唐国,对于李渊和唐朝,到底意味着什么呢?

圣王美号

帝尧是谁? 传统时代与现代史学的认识,差别很大。

现代史学认为,帝尧的真实身份,是父系氏族社会后期的部落联盟领袖,属于陶唐氏部落,所以也称唐尧。陶唐氏部落,又是因为居住在唐地,特别擅长烧制陶器而得名的。至于唐在今天的哪里,没有确切的结论,大致不出河北、山西的范围。

在传统说法中,帝尧则是仁君的典范。所谓君,尧既是“五帝”即黄帝、颛顼、帝喾、唐尧、虞舜中的第四帝,也是唐尧、虞舜、夏禹、商汤、周文王这个“二帝三王”系统中的第一帝。所谓仁,在古代文献的描述中,帝尧勤劳、俭朴、处事公正、政绩卓著。他住的是茅草房,穿的是粗布衣,吃的是糙米野菜;他治洪水,抗干旱,东奔西跑,全心全意为人民服务;他招集德才兼备的贤能之人,负责各项事务,把国家治理得井井有条,使百姓生活得安居乐业;他以天下为公,不留恋权位,晚年禅让给出身贫寒、但才德过人的舜。他逝世时,天下百姓“如丧考妣”,就像死了亲生父母一样伤心,三年里面,四海绝音,无人弹奏乐曲。我们不妨再看一段《论语·泰伯》中孔子对帝尧的赞美:

> 大哉尧之为君也! 巍巍乎! 唯天为大,唯尧则之。荡荡乎,民无能名焉。巍巍乎其有成功也,焕乎其有文章!

译成白话文就是:“伟大啊,尧这样的君主! 多么崇高呀,只有天最高大,只有尧能够效法天。尧的恩德多么广大呀,百姓们都不知道如何来赞美他。多么伟大呀,尧取得的功绩。多么光辉呀,尧的礼仪制度。”这样的帝尧,真是伟大的圣王、道德的化身! 而围绕着帝尧的出生与形象,也就越发神奇了起来。如帝尧的母亲庆都,是受到赤龙吹出的阴风,然后怀孕十四个月才生下尧的;尧身高十尺,约合今天的两米多,“尧”就是

"峣"，高大的意思；尧的脸型上窄下宽，好像葫芦；尧的眉毛呈八字形，闪烁着多种色彩，人称"尧眉八彩"。

　　帝尧既然成了往古黄金时代道德标准最高的圣王，帝尧的唐国号当然也就非同一般。本来，在文字学上，唐就是"大"的意思，东汉许慎的《说文解字》说："唐，大言也。"据唐的甲骨文、金文字形分析，唐字上从"庚"、下从"口"，分别指示扬谷出糠的风柜、承接谷米的盛器，其本义为"以盛器在风柜之下接装谷米"（陈政《字源趣谈》），大概因为扬风吹秕，引申出了"大言"之义。而作为帝尧国号的"唐"，更是引申出丰富的道德含义。如东汉《白虎通德论·号》中说："尧，犹峣峣也，至高之貌，清妙高远，优游博衍，众圣之主，百王之长也。……唐，荡荡也。荡荡者，道德至大之貌也。"南朝顾野王的《玉篇》也说："唐，尧称唐者，荡荡道德至大之貌。"也就是说，帝尧的伟大功德，浩浩荡荡，广阔无边，而帝尧的唐国号，显示的正是帝尧这浩浩荡荡、广阔无边的伟大功德。

　　说到这里，我们终于知道了，原来"尧"是圣王，"唐"是美号；我们也终于明白了，"神尧皇帝"李渊以帝尧为榜样、以唐为国号，是希望自己成为帝尧一般的仁君圣王，是希望自己缔造的唐朝以德立国、"道德至大"，是希望自己这位神尧皇帝开创的唐朝成为唐尧时代那样的太平盛世。九泉之下的李渊可以欣慰的是，他的子孙没有辜负他的希望，唐朝确实成了中国历史上又一个黄金时代的代称。当然，泉下有知的李渊也有着稍许的遗憾，毕竟在他辞世多年以后，为他改谥"神尧皇帝"的孙媳妇武曌竟然一度改唐为周。那么，这位武曌是谁？她改唐为周又是怎么回事？请看下一讲"周：女皇的情结与难题"。

第十一讲

周：女皇的情结与难题

武则天彩绘像

值得细说的女人

按照普遍的说法,唐朝从 618 年到 907 年,共历二百九十年。这是不准确的,因为从 690 年九月到 705 年二月,国号是"周"不是"唐",皇帝姓"武"不姓"李",这样的情形,客观地说就是改朝换代。

唐朝这样的情形,与汉朝颇为相似。在长寿的汉朝或者说西汉、东汉中间,夹着个好像匆匆过客一样十五年的新朝;而在长寿的唐朝的前期,也夹着个好像匆匆过客一样十五年的周朝。新朝与汉朝的外戚、"表演大师"王莽相始终,周朝与唐朝的皇后、强势女人武曌相始终。

当然,新朝的王莽与周朝的武曌也有不同。在《汉书》中,王莽被贬入"列传"的末尾,也就是被视为乱臣贼子;在《旧唐书》、《新唐书》中,"则天皇后"武曌被尊为"本纪",实际是认可了她的皇帝身份。王莽的结局是被悬首碎尸,死无葬身之地;武曌至今陪伴着她的丈夫李治,安详地躺在陕西那高大的乾陵里。又同样是皇帝,王莽与武曌还有个最大的不同：王莽是男人，武曌是女人。

武曌，是中国传统帝制时代、男权社会中，唯一一位真正的女皇。

因为这样的女皇身份，武曌也就是我们习称的"武则天"，可谓妇孺皆知。直到今天，数不清的电影、电视、讲坛、演义小说、学术专著以及闲扯八卦中，武则天都是正说、戏说、歪说、瞎说以至"色说"的热门人物。就在"百家讲坛"上，蒙曼老师立足学术、趣说武则天，就是洋洋洒洒的三十二集。

人们为什么喜欢说武则天？很简单：武则天既是女人，又是皇帝。历史本来是由男人与女人共同创造的，但能够细说的男人太多，能够细说的女人太少，所以逮着一位能够细说的女人，自然不会轻易放过。如果复杂些思考，这武则天也确实值得细说：

她的人生经历充满传奇。她曾两度入宫。十四岁第一次入宫，做了十一年的才人，然后出宫做了四年的尼姑；三十岁第二次入宫，相继做了三年的昭仪、二十八年的皇后、七年的皇太后、十五年的皇帝、一年的皇太后。她先后嫁了李世民、李治这对父子皇帝，也生了李显、李旦这对兄弟皇帝。

她美貌端庄而又性格刚烈，长得天庭饱满，前额方正，下巴宽厚，眉清目媚，这符合大唐王朝的审美标准。据说洛阳龙门石窟的卢舍那大佛，就是由她出资、按照她的容貌雕塑而成的。但她更相信铁鞭、铁锤、匕首的力量，还在做唐太宗李世民的才人的时候，面对一匹难以驯服的烈马，她说这有何难？我先用铁鞭抽它；它要不服，我再用铁锤砸它脑袋；再要不服，我就拿匕首割断它的喉咙。这样的话语从一个弱小女子的口中吐出，只听得唐太宗心里一阵阵发紧。武则天陪伴唐太宗十一年，唐太宗好色，武则天生育能力又很强（她与高宗皇帝李治生有二女四子），两人之间竟无一丝骨肉留在世间，可见关系应该相当冷淡。

她手腕残忍冷酷，以铁鞭、铁锤、匕首对付烈马，也以这样的方式清除她攀升道路上的各种障碍。她断去已经打入冷宫的王皇后、萧淑妃手足，置于酒瓮之中，要把她们浸泡得骨肉消融，萧淑妃曾经发出这样的毒誓："阿武妖猾，乃至于此！愿他生我为猫，阿武为鼠，生生扼其喉！"（《资治通鉴·唐纪》）她毒杀亲姐姐韩国夫人、亲外甥女魏国夫人甚至太子李弘，又逼太子李贤自杀；她广开"告密"之门，大肆任用酷吏清除异己，诛杀、贬斥反对她的贵戚重臣和李唐宗室，真是得位不以其道，杀人心狠手辣！

她的功绩彪炳史册。因为皇帝李治"风眩头重，目不能视"（《资治通鉴·唐纪》）：可能患有严重的高血压病和耳前庭功能失调，遂使皇后武曌有了参决政事的机会。而武曌的能力也确实出众："后性明敏，涉猎文史，处事皆称旨。由是始委以政事，权与人主侔矣。"（《资治通鉴·唐纪》）在她掌理朝政、临朝称制以及称帝的将近半个世纪里，她以小人为耳目、以酷吏为爪牙，但以君子来治国、以能臣来经世，表现出高超的驭人之术；她奖励农桑，轻徭薄赋，开发边疆，巩固国防，发展科举制度，首创殿试，初设武举，发明考卷糊名办法，防止作弊，表现出积极进取的统治之道。于是社会稳定，经济发展，文化繁荣，她的时代，上承"贞观之治"，下启"开元盛世"。

她的个人生活丰富多彩。初次入宫时，其母抱着她哭泣，她却充满自信地说:"见天子庸知非福,何儿女悲乎?"(《新唐书·后妃列传上》)在伺候病重的唐太宗李世民的同时,她与懦弱多情、小她四岁的太子李治发生了苟且之事;感业寺为尼期间,她朝思暮想着曾经的情人、当朝的皇帝李治。李治驾崩后,她先后有过四位男宠:建筑师冯小宝(薛怀义),御医沈南璆,世家子弟张易之、张昌宗。社会上流传着她有面首三千的说法,那是小说家言,不足为信。

这样的武则天,真是位说不尽也说不清、爱也不是恨也不是的女人。武则天自己大概也意识到了这些,今天乾陵前面高耸的无字碑,据说就是遵从她的遗言立的。无字有时胜过有字,这就仿佛中国传统绘画,留白的空间有时胜过渲染的画面。武则天的无字碑,究竟表达了什么用意,至今众说纷纭,唯有可以肯定的是,这无字之碑,留给后人无尽的思考。

大家熟悉的武则天,就简单地说到这里。我们接下来要细说的是,武则天的周国号是怎么来的,又是怎么去? 以及相关的武则天浓重的名号情结。

浓重的名号情结

不妨先说武则天浓重的名号情结,这表现在许多方面。

第一,武则天的改名。

这是一个需要说明以正视听的问题,因为世人熟知并且习称的"则天"不是她的名。705 年,皇帝李显给她上的尊号是"则天大圣皇帝",她自己要求改称"则天大圣皇后"。也就是说,在她八十二岁的生命的最后一年,才有了"则天"尊号。"则天"既不是她的名,也不是她的字,所以称她"武则天"其实不伦不类,等于在她的姓后面加了一个尊号。只是约定俗成,现在我们基本管她叫"武则天"了。

那么武则天本名是什么呢? 本名照。大概觉得"照"字不够气派,689年,在做皇帝的前一年,她为自己造了个新字"曌",意为日月当空、普照神州大地。同时或在此前后,她还改变了大约二十个非常重要的字,如天、地、日、月、年、君、臣、圣、人、国等等的写法。如地的写法是埊,国的写法是圀,君是上为"天"、中为"大"、下为"吉",人是上为"一"、下为"生"。这些字,后来被称为"武周新字"。日月当空的曌,也是她造出的新字,而从此以后,"武照"也就改名"武曌"了。

类似"武照"改名"武曌"的情况,在中国历史上事例很多。皇帝就要有与皇帝气势相当的大名。如汉高祖刘邦,本来叫刘季;五代十国时南汉皇帝刘龑,本来叫刘陟、刘岩、刘龑;邦是比国还要大的字眼,龑更是取《周易》"飞龙在天"之意造出的新字。皇帝如此,许多名人也是这样,在地位改变之后,往往就会改名。我们谈论历史,最好不要在这个事情上犯常识性错误。我就一直想不明白:民族英雄郑森,因为南明隆武皇帝朱聿键赐姓赐名,所以也叫朱成功,哪里来的"郑成功"呢? 伟大的民主革命先驱孙文,号逸仙,"中山樵"只是他流亡日本时的化名,"中山"还是个日本姓氏,我们为什么要称他"孙中山"呢? 甚至蒋中正,字介石,我们知道,称字是表示尊敬的意思,我们为什么习惯称"蒋介石",而很少称不褒不贬的"蒋中正"呢?

话说回来，这武则天，我们还是应该按照"名从其主"的原则，称她武照或武曌。以下为了方便起见，因为主要谈的是作为女皇的她，所以我们姑且称她为武曌。

第二，武曌的尊号。

武曌做才人时，唐太宗赐她的称号是"武媚"，人称"武媚娘"。"媚"在这里不是妩媚的意思，而是带有戏谑的味道。《武媚娘》本是民间倡优时常弹唱的一首俗曲，描写房中行乐之事。四十三岁的唐太宗，打趣地称十四岁的武曌为"武媚"，既是因为这位姓"武"的新人让他感受到了不同于贵族女子的民间气息，也表现了唐太宗性格中亲切诙谐的一面。

"武媚"不是尊号。说起武曌的尊号，伴随着她地位的改变，先后有过很多。称帝之前，她有天后、皇太后、圣母神皇的尊号；称帝之后，更有圣神皇帝、金轮圣神皇帝、越古金轮圣神皇帝、慈氏越古金轮圣神皇帝、天册金轮圣神皇帝等尊号；退位以后，又有则天大圣皇帝、则天大圣皇后的尊号。逝世以后，她的尊号也是起起伏伏，先后有天后、大圣天后、天后圣帝、圣后、则天后、则天顺圣皇后等。

这些尊号都蛮有意思的，我们挑几个说说。

"圣母神皇"尊号是 688 年启用的。所谓"圣"、"神"，表明武曌是圣、神的化身；所谓"母"、"皇"，显示武曌既为母后、又为皇帝的双重身份。当时，武曌事实上已经在做皇帝，而且准备名正言顺地做皇帝；然而，武曌还不想贸然废掉傀儡皇帝李旦，她还想再次试探一下天下的反应，"圣母神皇"的尊号正具有这样的作用：进可去"母"称"皇"，退可去"皇"称

"母"。至于尊号中的"金轮"，指的是佛光；尊号中的"慈氏"，是梵文"弥勒"的意译，这反映了武曌对于佛教的利用。我们知道，儒家经典是反对女子干政的，而在佛教的《大云经》中，却找到了这样的记载："佛告净光天女言：汝……以女身当王国土，得转轮王所统领处四分之一"，又"我涅槃已七百年后，是南天竺有一小国……其王夫人产育一女……其王未免忽然崩亡，尔时群臣即奉此女以继王嗣。女既承正，威伏天下。阎浮提中所有国土悉来承奉，无拒违者"——武曌自认为她就是这位"当王国土"的"女身"，就是这位"威伏天下"的"一女"；而在一班无聊僧人与御用文士的解释中，更证明武曌就是弥勒佛转世，当做阎浮提（人间）之主。因为佛教成了武曌称帝的理论工具，所以武曌的周朝特别尊崇佛教，并且在天下各州修建大云寺，礼请高僧讲解《大云经》。又如武曌活着的时候，以"天后"尊号开始，以"则天大圣皇后"尊号结束，首尾都是随夫而行的"后"，这说明了在以男性为主的社会里，尽管会有个别女性成为权力的中心，却改变不了男为主、女为辅的传统定位。而武曌的周朝，之所以成为历史的匆匆过客，根本原因也在这里。

第三，武曌的年号。

武曌不仅尊号多，其年号之多，也是中国历史上极为罕见的。在周朝的十五年里，就出现了十四个年号，其中有一年竟然有证圣、天册万岁、万岁登封三个年号。

第四，为别人更名改姓。

武曌的名号情结，还表现在她爱给别人更名改姓。如两位民族首领归附之后，她恩赐姓名"李尽忠"、"孙万荣"，希望他们尽忠李唐王朝、子孙万代繁荣;等到他们起兵反叛了,武曌马上把"李尽忠"改为"李尽灭","孙万荣"改为"孙万斩"。又如武曌除掉情敌王皇后、萧淑妃后,把王皇后的"王"姓改为蟒蛇的"蟒",把萧淑妃的"萧"姓改为毒枭的"枭"。

如此看来,"素多智计,兼涉文史"的武曌,真的是相信文字的神奇,相信名号的力量。所以,她造字改名为武曌,又不断地加尊号、颁年号,还以更名改姓作为奖赏或打击别人的手段。那么,这样一位具有浓重名号情结的女皇,为她的新王朝定立的新国号,肯定也是极为讲究的了。

从唐到周:两层原因

在684年废去唐中宗李显、690年废去唐睿宗李旦后,690年九月九日,重阳佳节,在唐朝的东都,今天的洛阳,颂歌声中,临朝称制的皇太后武曌宣布改唐为周,改东都为神都。五天后,群臣上武曌尊号曰"圣神皇帝"。至此,"武周"取代了"李唐"。

武曌为什么改唐为周,历史文献并无明确记载。依据各方面的蛛丝马迹,我们可以推测出以下两层主要原因:

第一层原因,彰显姓氏来历。

武曌是并州文水人,即今山西文水县人,625年出生于长安,即今陕西西安。父亲武士彟,原为木材商人。因为在隋末太原留守李渊起兵时,倾财相助,所以唐朝建立以后,武士彟成了开国功臣,唐高祖李渊还主动做媒,为武士彟续弦(原妻相里氏),娶了前朝宗室宰相杨达的女儿。

杨氏生有三个女儿，武曌是第二女。

在讲究"太上有立德，其次有立功，其次有立言，其次有爵为公、卿、大夫，世世不绝"（《新唐书·高窦列传·高俭传》）的魏晋南北朝隋初唐时代，由木材商晋升为新权贵的文水武氏，被看作"地实寒微"（《旧唐书·李敬业传》）的暴发户，社会地位并不高。但在武曌成为皇后的第四年，即659年，朝廷新修的《姓氏录》中，武曌的父族、母族都被列为九等中的第一等高门。既然是第一等的高门，怎么能够没有显赫的家世与悠久的渊源呢？于是经过编造，文水武氏找了个好祖宗，就是先秦周朝时周平王姬宜臼的小儿子，据说他出生时，手上有纹，赫然是个"武"字，所以以武为氏，这样，武氏就"出自姬姓"（《新唐书·宰相世系表》）、"出自周平王少子"（李峤《大周无上孝明高皇帝碑》）了。与此同时，武曌的母族杨氏，也被附会为"出自有周"（武三思《大周无上孝明高皇后碑》）、"出自姬姓"（《新唐书·宰相世系表》）了。

我们知道，姬姓是夏、商、周三代中周朝的国姓；武曌的父族、母族，追根溯源，竟然都出自姬姓，都是周天子的苗裔。所以武曌既为皇后，追赠父亲应国公武士彟为周国公、周忠孝太皇，等到自己登极称帝的时候，也就改唐为周了。

其实，在中国古代，帝王将相乱找祖宗、乱攀名人，本是普遍的现象。曹操、刘备、孙权分别成了曹参、刘邦、孙武的后代，萧道成、萧衍说是萧何的后代，北魏拓跋氏、北周宇文氏说是黄帝、炎帝的后代，杨坚成了东汉太尉杨震的后代，李渊成了太上老君李耳的后代，诸如此类的说法，大多难以坐实。至于武氏认周天子为祖宗，认周文王姬昌为始祖文皇帝，认周平王姬宜臼少子姬武为睿祖康皇帝，武氏的宗庙里供起了姬姓周天子的灵位，虽然极为荒唐，"诬神甚矣，文王其肯飨非鬼之祭乎"（《资治通鉴·唐纪》胡三省注），却对现实政治发挥了重要的影响，乃至国号也成了周。

第二层原因，效法古先盛世。

中国古代的盛世，在唐朝人看来，唯有周、汉两朝，而周又胜过汉。所谓"周用王道，教化一而人从；汉杂霸道，刑政严而俗伪。故亲誉优于畏侮，文、景劣于成、康"（张说《对词摽文苑科策》）。武曌推算五德终始，也得出了自己的新王朝应该继承周朝的结论。为了表达再创周朝盛世的政治与文化抱负，武曌改用周朝历法，国家礼制、各级政府机构名称，也都按照《周礼》进行全面的改革与设计。如唐朝的吏、户、礼、兵、刑、工六曹尚书，就被改成了天、地、春、夏、秋、冬六官尚书。

总之，武曌在正式取代唐朝之前，已经完成了一系列的准备工作：确认父族武氏、母族杨氏都"出自姬姓"；追赠父亲武士彟为周国公，后又为周忠孝太皇；改用周历，推行《周礼》。至此，武曌的周朝已经呼之欲出了，或者说，武曌的新朝已经不能不定国号为周了。

从周到唐：一世而斩

690年九月九日，武曌革唐立周。为了这一天的到来，她付出了半个世纪的生命，才从十四岁的五品才人，变成了六十七岁的大周女皇。为了这样的身份转变，她费尽了心机，终于大功告成。然而大功告成之日，竟也就是悲剧结局的开始。

　　周朝悲情的结局，联系着武曌女皇的身份。这话怎么理解呢？我们来看两条史料。691 年，宰相李昭德上书武曌说：

> 天皇，陛下之夫；皇嗣，陛下之子。陛下身有天下，当传之子孙为万代业，岂得以侄为嗣乎！自古未闻侄为天子而为姑立庙者也！且陛下受天皇顾托，若以天下与承嗣，则天皇不血食矣。（《资治通鉴·唐纪》）

　　这里，“天皇”指的是武曌的丈夫、683 年过世的唐高宗李治，“皇嗣”指的是武曌的小儿子、三十岁的李旦。武曌有两个儿子——李显、李旦，两个侄子——武承嗣（武曌同父异母兄武元爽之子）、武三思（武曌同父异母兄武元庆之子）。李昭德的意思是说，如果你武曌立武承嗣为继承人，就等于把天下让给外人了，而外人是不会为你、为你丈夫立庙祭祀的。698年，宰相狄仁杰也向武曌表达了差不多的意思：

> 文皇帝栉风沐雨，亲冒锋镝，以定天下，传之子孙。大帝以二子托陛下。陛下今乃欲移之他族，无乃非天意乎！且姑侄之与母子孰亲？陛下立子，则千秋万岁后，配食太庙，承继无穷；立侄，则未闻侄为天子而祔姑于庙也。（《资治通鉴·唐纪》）

　　由这两条史料我们可以知道，还在周朝刚刚建立的时候，年事已高的女皇武曌就遭遇了在男性皇帝看来根本不存在的难题,即皇位继承人选子还是选侄的难题。

那么,怎样理解这样的难题呢?

首先,这是个未来的难题。在中国传统社会里,皇位继承对于男性皇帝来说是比较容易解决的问题,所谓父死子继、立嫡以长,已经成为金科玉律。但武曌是位女皇帝,这就麻烦了,正如李昭德、狄仁杰的说法,立子"则千秋万岁后",能在李唐王朝的宗庙里占有一席之地,享受子孙的祭祀;立侄,则不能立庙、享祭。那么武曌为什么会看重这些呢? 要知道,在过去,人们非常重视往生以后的立宗庙、设牌位、受祭祀等等仪礼,没有了这些,往生的人就会变成无人烧香送钱、无人祭祀贡献的孤魂饿鬼。具体到大周女皇武曌,如果侄子继承了皇位,当然会按照自己的父系立庙、设位、祭祀,这不会有姑姑武曌的位置;反之,如果儿子继承了皇位,就不存在这样的担忧,能够庙祭无穷。

其次,这是个现实的难题。武曌明白,如果儿子继承了皇位,肯定会恢复唐朝,而她心血所系、事业所在的周朝,将很快成为过去;如果侄子继承了皇位,虽然可以维持周朝的名分,但是并无周朝的实质。因为周朝将不再是自己儿子的周朝,甚至自己的儿孙们也将遭到杀戮。

再次,这还是个饱含隐忧的难题。武曌的侄子以及武氏的诸多男丁,大多才庸德浅,而且朝中重臣以及武曌的男宠张昌宗、张易之兄弟也反对立武氏。在这种情形之下,假如武曌强行立了侄子为继承人,可以想见,在她"百年"之后,不仅武氏的周朝难保长久,而且非常可能发生宫廷政变,甚至爆发大规模的血腥屠杀,这无疑极不利于江山社稷的长治久安。所以，与其自己身后周朝被灭，自己被逐出李唐宗庙，还不如自己在世时就主动表态让出，留下个好名声。

面对以上的三重难题，雄才大略的武曌可谓遭遇了空前无比的尴尬：一边是母子关系、政局稳定、享有祭祀、唐朝复辟、周朝不再存在；一边是姑侄关系、政局忧患、无人祭祀、周朝可能存在、唐朝也可能复辟。在经过劳心焦思的多年犹豫之后，武曌终于痛苦地以周朝一世而斩为代价，选择了立子。698年九月十五日，武曌四十三岁的三子、也是当时的长子、曾经遭到废黜的皇帝李显被立为皇太子。705年正月二十四日，病重的武曌传位皇太子李显；二十七日，皇帝李显给母亲上尊号"则天大圣皇帝"（《旧唐书·则天皇后本纪》）；二月四日，李显恢复国号为唐，周朝结束，唐朝复辟，"社稷、宗庙、陵寝、郊祀、行军旗帜、服色、天地、日月、寺宇、台阁、官名，并依永淳已前故事"（《旧唐书·中宗本纪》），亦即各样制度都恢复到了高宗李治时候的样子。十一月二十六日，八十二岁的武曌临终遗言："祔庙、归陵，令去帝号，称则天大圣皇后。"（《旧唐书·则天皇后本纪》）这份遗言真的令人感慨：破天荒地自立为帝的超强女人、铁血女皇武曌，临终时刻最为关心的问题，竟然还是木主"祔祭"于她所嫁的李家唐朝祖庙，合葬于她皇帝丈夫李治的乾陵，不再保留帝号，回归随夫而名的皇后本位。也就是说，在父系传承、祖先崇拜、儒学孔教等等传统观念的制约下，武曌最终放弃了大周开国皇帝的荣誉，放弃了她为之奋斗一生的女性的独立，重新回到了男权社会之中，这在当时是必然的，她只能这么做。

弦歌悠长的伟大的唐朝，因为武曌这十五年周朝的插曲，平添了几多女性的柔媚与几声女皇的高亢。武曌周朝之后的唐朝,又延续了二百余年,然后历史进入了分裂动荡的五代十国,直到宋朝的赵匡胤、赵匡义兄弟重建统一。那么,宋国号又是怎么回事呢? 请看下一讲"宋:附会出来的完美"。

宋：附会出来的完美

宋宣祖赵弘殷画像

悲喜交加的"斯文"

　　常言道:物极必反,否极泰来。肇始于唐"安史之乱"以后的藩镇割据局面,祸延五代十国。分裂动荡的五代十国,那是军人当政的时代,并且往往是由"等而下之"的军人称尊建国的时代。而从五代十国母体中孕育出来的宋,却是一个与五代十国反差极大的王朝。这个王朝,特别讲究文化、特别显得斯文。百余年前的 1910 年,日本学者内藤湖南发表《概括的唐宋时代观》一文,指出"唐和宋在文化的性质上有显著差异:唐代是中世的结束,宋代则是近世的开始",这就是著名的"唐宋变革说"。按照这种学说,唐宋之际,中国社会之政治、经济、学术、文艺诸多方面,都发生了显著的变革。换言之,我们看五代十国以前的历史,或有遥远、陌生的感觉,而看五代十国以后的历史,则每多切近、熟悉的体味。二十年前的 1992 年,美国学者包弼德(Peter K. Bol)出版《斯文:唐宋思想的转型》一书,细腻地勾勒了唐宋时代士人价值观演变的轨迹。而我特别欣赏的是，一位美国学者，竟然能以点睛传神的"斯文"为核心概念，对于唐宋社会的转向，作出了形象而且精准的考察。

"变革"与"斯文"，同样表现在宋朝的历史、宋朝的国号等方面。

从 960 年正月到 1279 年二月，是中国传统历史纪年中的宋朝。宋朝分为建都开封的统一王朝"北宋"，从 960 年到 1127 年，亡于金朝；建都临安也就是今天浙江杭州的偏安王朝"南宋"，从 1127 年到 1279 年，亡于元朝。因为开封在北方、杭州在南方，所以后人称为北宋、南宋。其实，当初赵匡胤始建、赵构重建的王朝，国号都叫宋，并没有区别。

在中国统一王朝国号史上，有两个重要的分水岭：一是汉，二是宋。汉以前的夏、商、周、秦，国号都来自具有特别意义的动物或者植物；汉、宋之间，许多国号来自前朝的封爵，如新、晋、隋、唐；而宋、大元、大明、大清国号，又都与封爵无关。为什么会有这样的"变革"呢？其中的关键在于改朝换代形式的改变。汉以前和宋以后，是外力征伐式的改朝换代，新朝的皇帝是前朝的敌人，新朝与前朝之间没有继承关系；汉、宋之间，则多次出现内部禅让式的改朝换代，新朝的皇帝就是前朝封公封王的权臣。那么，为什么宋朝以后不再出现内部禅让呢？美国学者费正清（John King Fairbank）、赖肖尔（Edwin Reischauer）道破了其中的玄机："因为宋代完善了文官制度，中国政府相当稳定。赵匡胤 960 年的篡位，是中国历史上的最后一次，在以前，皇帝不断被他的大将、皇后和其他有权的大臣夺去皇位；960 年以后，这种情况不再出现。王朝继续被外来征服或民众革命所灭亡，皇室的一些成员将皇位抢来抢去，但不再有臣下成功地篡夺皇权的事例。"（《中国：传统与变革》）这也是宋朝在中国历史上特别的政治地位所在。

再从国号本身看，在中国历代国号中，按照宋朝人的说法，这个宋国号显得极有文化内涵，考虑得极为复杂周到，是"天地阴阳人事际会，亦自古罕有"（《洛中纪异录》）的国号。也就是说，宋国号在天文、地理、阴阳、人事各方面都有充足的依据，是堪称"自古罕有"的完美国号。果真如此吗？不妨先一言以蔽之：这样的完美，其实是附会出来的，而这又离不开宋朝的大环境。什么样的大环境？斯文！具体来说，就是文化的精致细微。

从宋朝开始，中国文化越来越走向精致细微。怎么个精致细微？品味品味北宋风格婉约的词，应该就有感觉了。不喜欢宋词的话，到博物馆里观赏观赏宋瓷也行。那宋瓷，色彩十分淡雅，或影青，或纯白，或黑褐，形制纤巧，刻画简洁而又传神。宋瓷的审美境界与美学成就，被公认为高山仰止、卓越千古、不可企及。宋朝士大夫的品位，也是以高雅著称于世的。如林逋，一生与梅花结下不解之缘，又喜爱养鹤，人称"梅妻鹤子"。才高八斗的苏东坡，儒释道、诗词文、书画茶无所不通。宋朝皇帝的文化修养也是很高的，舞文弄墨，吟诗作画，往往小菜一碟，哪怕武将出身的赵匡胤的弟弟赵匡义，也是喜欢读书，痴迷围棋，能够弹琴，还会书法。至于亡国皇帝宋徽宗赵佶的字画——字称"瘦金体"，画精花鸟，更是堪称绝品了。总体评价下来，宋朝皇帝与士大夫的文学艺术修养，在中国历史上的得分，应该最高。

为什么宋朝这样讲究文化、这样斯文呢？说起来就有些悲喜交加了。

喜的是，开国皇帝赵匡胤这个很有些脑子的粗人，接受了唐朝"安史之乱"以来节度使（通称"藩镇"）们军政财权一手抓、五代十国时骄兵悍将自行拥戴节度使甚至自行拥戴皇帝的深刻教训，开国伊始就"客客气气"地"杯酒释兵权"，把节度使们的"兵也收了，财也收了，赏罚刑政一切收了"（《朱子语类·本朝·法制》），而且实行分权制，使行政、监察、军事、经济等各个部门相互牵制。如此等等造成的结果是，职官制度极为繁琐复杂，政府办事效率相当拖沓，军队战斗力低下，但是皇帝高度集权了，赵家的皇位因此非常稳定，无论武将、权相还是外戚，谁也不可能再颠覆赵家的天下了。

问题在于，这喜也是悲，臣下无力夺位了，外人的机会就多了起来。可巧的是，大宋国门之外，盘踞着许多的强敌。都有哪些强敌呢？看过金庸先生武侠小说《天龙八部》的人，都知道乔峰、虚竹、段誉。乔峰本来姓萧，是契丹人，因为阴差阳错地救出了被金国囚禁的辽国皇帝耶律洪基，当上了辽国的南院大王；虚竹的"梦姑"李清露，是西夏公主；段誉是大理王子，段誉的死对头是吐蕃国师大轮明王鸠摩智。这些人物所涉及到的辽、金、西夏、大理、吐蕃，分别位于宋朝的北方、西方与西南方，他们时常对宋朝构成威胁，压得大宋抬不起头来。面对这些四邻的强敌，武力羸弱的宋朝，不得不花费大量的钱财甚至土地去打点，去换取屈辱的和平。所以这个宋朝，既没有秦、汉的霸气，也没有隋、唐的豪气，它只求平平淡淡、以和为贵地过一生，在远去了刀光剑影的同时，也就平添了许多的风花雪月。

所谓偃文必定修武，武弱势必文强，这就好像人的眼睛不好、耳朵必定很好一样。正是在这样的大背景下，特别"斯文"的宋人，把本来非常简单的宋国号，解释得精致复杂、超级有文化。

草台班子的胡闹

宋国号的来源与含义，本来非常简单，简单到甚至没有多少话头。

宋朝的开国皇帝赵匡胤，河北涿州人，出生于洛阳，行伍世家，自幼习武，善于骑射，战功累积，做到了五代十国时北方"五代"中最后一个朝代后周的大将，官拜殿前都点检，也就是最精锐的中央禁军的统帅。这支禁军，不仅是护卫宫廷的武装力量，也是征讨天下的主力部队。赵匡胤担任着这样一个重要职位，而且几乎所有的禁军中高级将领都是他的好友与亲信，这便直接决定了他日后兵变的可操作性。

960年正月初一，朝廷的贺岁大礼正在进行中，一匹快马送来了一个紧急情报，说是辽与北汉联军很快将南下入侵河北地区，其实这是赵匡胤特意安排的谎报军情。即位不久的七岁小皇帝柴宗训与年轻懦弱的符太后这对孤儿寡母，听从了范质、王溥一帮书呆子大臣的建议，马上就决定派遣智勇双全、声名显赫的赵匡胤率领禁军主力前往御敌。初二日，前军先行出发。初三一早，赵匡胤率领大军出城，当晚宿营在陈桥驿（今河南封丘县东南陈桥镇）。初四凌晨到晚上，这一天发生了许多的大事：先是将士哗变，冲进营帐，把事先准备好的黄袍披到刚刚"酒醒"起床的赵匡胤身上；赵匡胤假作苦苦推辞，众人自然不允，山呼万岁，随后就拥着他向四十里外的京城开封开去。等到大军入城，他手下的兵将纷纷亮出刀刃,群臣只好下拜,并马上就举行了禅让大礼。其间,据说连法定的重要文件,也就是禅让制书,赵匡胤的部下都替柴宗训准备好了。于是一个新的王朝诞生了,"大赦,改元,定有天下之号曰宋"(《宋史·太祖本纪》),这就是宋朝。

宋朝大概算是中国自古以来建立速度最快、最富有戏剧性的王朝了。然而这出禅让剧,演得实在是粗糙不堪!虽然在此之前,禅让剧已经多次上演了。如西汉禅让给王莽,东汉禅让给曹丕,曹魏禅让给司马炎,北周禅让给杨坚,隋禅让给李渊,唐禅让给朱温,但论起速度之快以及明目张胆地不加掩饰,却都比不上这柴宗训禅让给赵匡胤,诸多的程序竟然在一天之内就走完了!对此,有学者一针见血地评说道:"魏晋南北朝的禅让尚称得上是正式剧团的多幕剧、一幕剧,到后周禅宋,则完全是草台班子的胡闹!"(周振鹤《中国历史上的禅让连续剧》)

这"胡闹"出的宋朝,对待让出帝位的后周柴家,还是颇有些人情味的。赵匡胤就给子孙后代立下了重誓:世代优待柴家。这个柴家就是《水浒传》里描述的江湖上唤作小旋风的柴大官人柴进家,柴进是"大周柴世宗嫡派子孙",他家"堂悬敕额金牌,家有誓书铁券",拥有免死权,所以没人"敢欺负他"。但是匆忙之间建立的这个新王朝,国号却实在没有时间仔细考虑。由于赵匡胤兼任过的最高地方官职是宋州归德军节度使,所以新王朝的国号就直接叫"宋"了。清人毕沅在《续资治通鉴》中就明确指出:"诏定有天下之号曰宋,因所领节度州名也。"

那么,这宋州归德军节度使是个什么官职呢?这个节度使驻扎在宋州,即今河南商丘市,是防守一百多公里外的后周首都开封的重要官职。

尽管赵匡胤作为中央禁军统帅,驻在开封,与宋州并无多少密切的关系,但宋州归德军节度使既是当时非常荣耀的官职,又是赵匡胤篡周前担任的最高地方官职,所以有"国家飞运于宋"(《宋史·律历志》)的说法,而赵匡胤建国,也就直接以宋为国号了。

宋成为国号后,作为国号来源的宋州,地位也是超常擢升。1006年,宋州升为应天府,大概相当于今天的从地级市升为副省级市吧,而"应天"这个荣耀的名字,明显取义于"国家飞运于宋"的特殊背景,所谓宋州"乃帝业肇基之地,恭惟圣祖,诞启鸿图……宜锡崇名,用彰神武之功,具表兴王之盛"(《升宋州为应天府诏》)即是。到了1014年,更将应天府建为南京,成了宋朝首都东京开封府以外的陪都,这起码相当于今天的直辖市吧。这些,也都印证了宋国号得自宋州的事实。

巧合与附会

宋国号来源于宋州,宋州是赵匡胤兼任过军政长官的地方,这样的事实,可谓简单明了。但在富有文化的宋朝人看来,对此却感到很不满意:堂堂的大宋国号,怎么能够如此平白浅薄呢? 好歹也得加上些具有文化意蕴的解释,才说得过去啊! 宋人的这种心理需求,在拥有悠久的历史记忆、丰富的古籍资源的中国,当然可以得到满足。于是,宋朝文人找到了许多的巧合,从而为宋国号加上了一层又一层的附会。

第一个巧合,赵匡胤的父亲名赵弘殷。

赵弘殷956年去世,曾为五代后唐、后汉、后周将领。后周时,赵弘殷被封为天水县男,也就是拥有了男爵的爵位,并与次子赵匡胤一起掌管禁军。因为这个"天水县男",宋朝又得了个雅称"天水"。国学大师王国维曾经说过:"天水一朝,人智之活动与文化之多方面,前之汉唐,后之元明,皆所不逮也。"(《宋代之金石学》)史家陈寅恪先生也说:"天水一朝之文化,竟为我民族遗留之瑰宝。"(《赠蒋秉南序》)至于赵弘殷这个姓名,更是容易做出文章。"弘"是推广、光大的意思,"殷"联系着中国历史上夏、商、周三代中的商朝。我们在讨论商国号时曾说,"商"是本号,是自称;"殷"是别号,是他称,这种情形,有些类似于三国时刘备、刘禅政权自称"汉"而他称"蜀",只不过"蜀"这个他称具有贬义,而本来不贬不褒的"殷",后来引申出了许多的美义。如《说文解字》"作乐之盛称殷",《白虎通德论·号》"殷者,中也,明当为中和之道也"。在司马迁的《史记》中,是以《殷本纪》来记载商朝历史的;今天考古学上鼎鼎大名、发现商朝甲骨文的河南安阳小屯村"殷墟",是商朝后期的都城。既然"商"就是"殷","殷"就是"商",那么,"赵弘殷"明摆着就是"赵家要发扬光大商朝"的意思。

第二个巧合,古代的商丘是赵匡胤的龙兴之地宋州。

宋州就是今天的河南商丘市。古代地名中,丘、墟往往有旧地、遗址、故城的意思。如殷墟,殷朝的故都;商丘,商朝的旧地。商丘这个地名先秦时就有了,据说与商人的起源有关,《史记·殷本纪》里说商人的始祖契"封于商",古人更认为商族、商国都因此得名。到了596年隋朝时,在这里设置了宋州。宋州既是商朝的发祥之地,也是赵匡胤的龙兴之地,于是赵家与商朝的关系又更紧密了一步。

　　第三个巧合，宋州是商朝后裔宋国的国都。

　　隋朝时在古代的商丘设置宋州，是有历史依据的。公元前 11 世纪周朝大分封时，选了当时与商字读音相近的宋字，就在商丘这个地方，封了商朝的微子启为宋公，建立宋国，以继承商朝的祭祀。在当时，这是一个通行的做法，是为了表示对前朝形式上的尊敬。如封了夏朝的后裔建立杞国，就是成语"杞人忧天"里的那个杞。具体到微子启，本名启，因为商朝时分封在微（今山东梁山县），所以习称微子启。启是商纣王同父异母的哥哥，以正直见称，周武王灭商时，投降了周武王，并得封宋公。微子启的这个宋国，长期建都在商丘，大约有七百年的时间；宋国的第一位国君又是商朝的贵族启，所以在后来的社会习俗中，就往往宋、商互称了。

　　以上三个巧合，简单归纳一下，就是殷等于商，商等于宋，"赵弘殷"也就暗示着"赵弘商"、"赵弘宋"。果然，赵弘殷的儿子赵匡胤大展宏图、开创帝业的地方，又恰巧是商朝后裔宋国的都城宋州，于是这便注定了赵匡胤要以宋作为他沿袭的国号了。

　　第四个巧合，阏伯居于商丘，祭祀大火。

　　宋人还找出了一个非常重要的巧合，即阏伯的居地与职业。阏伯是商朝以及宋国传说中的远祖，曾经居住在商丘祭祀大火。大火是天上的一颗赤色的一等恒星，今天称为天蝎座 α 星。这颗星被商人看作是关系到民族兴衰、历法节令、国家命运的族星，所以是商朝祭祀的主星，而主持祭祀的人最初正是阏伯，祭祀的地方则在商丘。今天商丘市的西南还有阏伯台，俗称火神台、火星台。而以此为依据，宋人对赵匡胤建国而自居火德便有了进一步的解释。本来,按照五德相生的理论,后周是木德,赵匡胤既然接受了后周的禅让,木生火,那么宋朝就是火德。而等到与阏伯居商丘、祭祀大火联系起来以后,宋朝的火德更有了悠久的历史渊源,仿佛赵匡胤既然镇守商丘,就当然会秉承火德,成就一番开国的伟业,而且这番伟业,还是正而八经地远绍夏、商、周三代之商的。

总之,以上种种的机缘巧合,把乱世中出身行伍世家的赵匡胤,与本来扯不上边的阏伯、微子启搭在了一起。阏伯不仅是商朝的远祖,还是黄帝的曾孙帝喾的大儿子,微子启不仅是名声很好的商朝贵族,还是西周时宋国的开国之君;阏伯是在商丘也就是宋州祭祀大火的,微子启是在商丘也就是宋州开国的,赵匡胤的政权是火德,赵匡胤的龙兴之地又是宋州,如此等等的历史、地理、天文、五行巧合,加上赵匡胤的老爸偏偏就叫赵弘殷,于是,这相互关联的层层证据链,共同证明了宋国号冥冥之中已经定于先世、赵匡胤就是远承两千年前的商朝的真命天子的重要事实。而宋国号的解释,也随之越来越充分与完备,越来越复杂与神秘,最后竟然达到了北宋初年秦再思在《洛中纪异录》中所说的程度:"天地阴阳人事际会,亦自古罕有。"而南宋初年李石的《续博物志》也同样认为:"天地人之冥契,自古罕有。"只是这流行于宋朝的有关宋国号的完美解释,却全都来自牵强附会!

火宋与火德

宋国号的解释,虽然来自附会,但也有着现实的影响。有这样一个故事说，宋神宗年间，王安石变法，大力推行新政，其中的一项措施是鼓励百姓租赁祠庙做市场，以搞活经济。南京也就是今天商丘的地方长官张安道上疏，请求不要出租阏伯祠、微子祠，理由是："宋，王业所基也，而以火德王。阏伯封于商丘，以主大火；微子为宋始封。此二祠者，独不可免于鬻乎？"宋神宗知道这事后，大为震怒，以为"慢神辱国，无甚于斯"（罗大经《鹤林玉露·鬻祠庙》），于是天下祠庙都逃脱了被租赁的命运。本来，开辟祠庙做市场，不失为活跃经济的好方法，不料被地方长官张安道钻了空子，以与宋国号具有密切渊源关系的阏伯、微子为借口，反对这一"新政"；神宗皇帝也认为此举不仅"慢神"，而且"辱国"，即有损于国家的形象。由此可见，有关宋国号的附会之说，竟然成了政治斗争的借口与工具。

至于宋朝的火德，那影响就更是深远了，以至宋朝有了"火宋"的别称。北宋著名书画家米芾就有"火宋米芾"的印章，这枚印章的边款文字是："正人端士，名字皆正。至于所纪岁时，亦莫不正。前有水宋，故以火宋别之。"（李冶《敬斋古今黈》）对此，清人俞樾在《茶香室丛抄》中解释说："按水宋，谓刘宋也。……宋水德，故谓之水宋。至赵宋，则以火德王，故谓之火宋。火宋之称甚奇，世罕有用者。"也就是说，所谓"水宋"，指的是从420年到479年建都在今天南京的偏安王朝宋朝，由于开国皇帝是刘裕，所以也称"刘宋"，这就仿佛赵匡胤开创的这个宋朝，又称"赵宋"一样。

值得注意的是，1127年北宋灭亡后，宋徽宗赵佶第九子、宋钦宗赵桓的弟弟、康王赵构马上称帝于南京，这个南京就是宋州、应天府，也就是今天的河南商丘，宋太祖赵匡胤的发迹之地。当时商议年号，有"炎兴"、"建炎"两种意见，因为刘备的儿子刘禅用过炎兴年号，所以最后确定为建炎。炎兴、建炎都是重建宋朝、重续火德的意思，赵构在即位改元诏中就说："朕惟火德中微，天命未改，考光武纪元之制，绍建隆开国之基，用赫丕图，益光前烈。……以靖康二年五月一日改为建炎元年。"（《宋会要辑稿·礼》）等到1276年元朝军队攻破南宋首都临安城，赵昰称帝于福州，改年号为"景炎"，仍然是光大火德的意思。

其实不仅赵匡胤的后代赵构、赵昰是这样做的，民间也是如此。如建炎年间，活跃于北方的一些抗金武装组织，用建炎年号，以红巾为标识；金朝末年，北方又出现了反抗女真金国统治、身穿红衲袄的"红袄军"。这里的红巾、红衲袄，都象征着宋朝的火德，表达了光复宋室江山的情结。等到南宋被元朝灭亡后，宋国号与火德，也仍然是伸张大汉民族主义的两面旗帜。如元末徐寿辉、韩林儿的红巾军，不仅奉持火德，而且都直接以宋作为国号；后来朱元璋赶走元朝，建立大明，更标志着"反元复宋"的成功，这就仿佛清朝初年的"红花会"与清朝晚期的革命党，以"反清复明"为目标、为口号一样。从这个意义上说，理解宋国号及其附会之说，对于理解宋、元、明、清以至中华民国的历史，竟然也是一个关键所在。

既然大明是"反元复宋"的成功，那么中国历史上的"元朝"又是怎么回事呢？请看下一讲"大元：蒙古人也爱八卦"。

第十三讲

大元：蒙古人也爱「八卦」？

元世祖出猎图

金戈铁马与男耕女织

如果我问各位："知道中国传统帝制时代最后三个统一王朝吗?"你会不会这么回答："这太简单了,元、明、清呗!"其实,这样的回答不能算是完全正确的。

我们中国人在说到某朝某代的时候,往往喜欢在朝代名称前面加个"大"字,如大汉、大唐、大宋。这是什么意思呢?"大"自古及今都是为人习用的一个壮美字眼,"大"不仅是相对于"小"来说的,当一桩事情高妙到无以复加时,便拿"大"来形容,如"大哉孔子"(《论语·子罕》)、"唯天为大"(《论语·泰伯》)等。所以在朝代、国号的前面加个"大"字,本来也是表示尊敬的意思。但是大元、大明、大清就不是这么回事了,虽然它们也值得我们尊敬,但更重要的是,它们真正的国号就叫大元、大明、大清,这个"大"字是包含在国号之内的。明朝的朱国祯在《涌幢小品》中指出:"国号上加'大'字,始于胡元,我朝因之。……其言大汉、大唐、大宋者,乃臣子及外夷尊称之词。"也就是说,大元、大明、大清是正式的国号,是国号的全称,而元、明、清这种说法,实是国号的简称。

说到大元国号,正式启用的时间是1271年十一月,当时蒙古对南宋的进攻正取得不断的胜利;"大元"作为中原王朝的天下共号,则开始于1279年二月,结束于1368年八月。1279年二月,宋、元海军在今广东新会市以南的海上决战,史称"厓山海战",结果宋军大败,左丞相陆秀夫背着八岁的小皇帝赵昺投海而死,历时三百二十年的宋朝灭亡。九十年后,1368年闰七月二十七日,大元皇帝妥懽帖睦尔北逃茫茫草原;八月二日,徐达率领的大明军队攻占大元都城大都。大都,蒙古语称为"汗八里"、汗城的意思,也就是今天的北京市。至此,元朝在中原地区的统治结束。

历时将近百年的大元,是中国历史上第一个由非汉民族作为统治民族建立的全国性政权。而由这个"第一",就决定了元朝的一些特点:

首先,元朝是一个统一的、多民族国家,各民族杂居,各民族之间的经济、文化交流不断发展,各民族之间的同化与融合也在加强。在此过程中,一些民族逐渐消失了,如契丹、党项;一些新的民族又逐渐形成了,如回族。

其次,元朝实行四等人制,依次是蒙古人、色目人、汉人、南人。色目是"各色名目"的意思,包括畏兀儿、吐蕃与中亚、西亚、欧洲的许多民族;汉人主要指原来金朝统治下的汉族与汉化的契丹、女真等族;南人主要指原来南宋统治下的人民。蒙古人、色目人是上等人,汉人、南人是下等人。由于人分四等,推行民族歧视政策,所以元朝民族矛盾尖锐,元朝最后的崩溃就与此密切相关。历史的经验反复证明,歧视一个民族,就不可能统治好这个民族。另一方面,怀才不遇、仕途蹭蹬的汉人、南人中的文人转向民间,反而成就了关汉卿这样的一代名家,成就了与唐诗、宋词齐名的元曲,这也算是歪打正着,使元代文学史不至于白纸一张。

再次,元朝的制度是蒙汉二元、夷夏并用的。元朝的统治民族蒙古族来自草原,带有天生的草原游牧文化的色彩,而且作为征服者,他们对于自己的语言、文字、宗教、制度等等从未丧失信心;另一方面,元朝的统治地域毕竟主要是汉族儒家农耕文化区域,因此又不可能不受到汉文化的影响。形象些说,元朝的制度与文化正是金戈铁马、万顷草场与男耕女织、千亩良田的综合。这种"综合"的辩证关系,也恰当地体现在往往不习汉语与汉字、不起汉姓与汉名的元朝诸帝,却仍然使用汉式年号、汉式国号以及汉式庙号等等方面。

最后,元朝版图广大,超过了中国历史上此前的任何一个朝代,而开创了把"大"字加到国号上面的"大元"国号,尤其实至名归地反映了这个特点。

大元的"大"

"大元"国号,一是"大",二是"元"。人们往往忽略"大",所以我们就先来说说这个"大"字。

"大元"真的"大"吗?毋庸置疑,确实是"大"。

首先,大元是从大蒙古国的母体中脱胎而来的,大蒙古国确实是"大"。

大蒙古国的创始者,是我们熟知的蒙古乞颜部首领、一代天骄铁木真。铁木真降生时,"手握凝血如赤石"(《元史·太祖本纪》),铁木真则意为"铁化的"。12世纪末至13世纪初,骁勇善战、用兵如神的铁木真,先后征服了蒙古草原上的主要游牧部落,成为最强有力的草原领袖。1206年,在今蒙古国境内的斡难河源头,铁木真召集各亲族和各部落首领,举行忽里勒台(蒙古语"会议"之意)。在这次忽里勒台上,铁木真建树了九斿白旗(蒙古族崇尚数字九和白颜色),接受了"成吉思汗"的称号。"成吉思"的意思,说法不一,或为"坚强",或为"大海",或为"天";"汗",原指部落或部落联盟首领,后来演变为"君主"的称呼,此前的柔然、突厥、回纥等北方民族,都曾用"汗"指称最高统治者。于是,大蒙古国正式建立。

当时的大蒙古国,已经控制了东起兴安岭、西到阿尔泰山、北越贝加尔湖、南达阴山的广阔地域。成吉思汗在建立大蒙古国以后,又把眼光投向了更大的外部世界,并逐步实行了分封制度。成吉思汗的汗位继承者也不断地东征西战,进行军事扩张,除自领一地外,还分户封土,建立汗国(蒙古语称"兀鲁思",指"领地"、"封地",通称"汗国")。后来的蒙古四大汗国,即金帐汗国(又称钦察汗国)、察合台汗国、窝阔台汗国、伊儿汗国,疆域所及,从中亚、西亚直到欧洲东部。这个地跨亚欧大陆的蒙古汗国,疆域当然很"大"!

其次,作为大蒙古国的大汗之国,大元的疆域也很"大"。

　　在这里,有几个常常容易混淆的概念,即大蒙古国、蒙古汗国、大元,需要区分一下。大蒙古国可以分为大汗之国与汗国。继承成吉思汗大汗之位的窝阔台、贵由、蒙哥、忽必烈,他们直接统领的国家,是大汗之国;而汗国,本是由大蒙古国中央分封出去的军政首领建立的国家,他们直接臣属于大汗,向大汗申报版籍、户口和缴纳贡赋。起先,在成吉思汗与窝阔台汗时代,大汗与汗国之间存在一种主从关系;而到了蒙哥汗时,大汗之国与各个汗国已经逐渐走上了各自独立发展的道路。再到1260年忽必烈成为大汗时,大汗就只是名义上的了。1271年,忽必烈正式建立国号"大元",忽必烈以及忽必烈以后的大元皇帝,名义上仍然是蒙古大汗,如各个汗国仍奉大元皇帝为"一切蒙古君主的君主"、"四海万民之君和成吉思汗家族之长",在通常情况下,各个汗国汗位的继承,形式上也必须取得大元皇帝的认可,但是这些都仅仅具有象征意义。所以严格地说,大元的疆域,并不包括蒙古各个汗国的疆域在内。

　　然而即便如此,以蒙古本部和中原地区为基础的大元疆域,还是远远超过汉、唐极盛时期。就以灭亡南宋的次年即1280年为例,大元版图所及:在北方,有今西伯利亚,跨海有库页岛;在东部,拥有朝鲜半岛的北部以及济州岛;在西南,有今克什米尔地区以及喜马拉雅山南麓的不丹、锡金等地,以及缅甸、老挝、越南的一小部分。这样的疆域范围,当然也是空前广大的。《元史·地理志一》记载:

　　　　自封建变为郡县,有天下者,汉、隋、唐、宋为盛,然幅员之广,咸不逮元。汉梗于北狄,隋不能服东夷,唐患在西戎,宋患常在西北。

> 若元,则起朔漠,并西域,平西夏,灭女真,臣高丽,定南诏,遂下江南,而天下为一。

说到这里,我们可以认为,"大元"称"大",名副其实。更加有趣的是,以疆域广大为显著特征的元朝,国号"大元"的意思也是"大",而且还是"大大的大"! 这又是怎么回事呢? 我们不妨先来看看一份重要文件。

1271年十一月,"大元"国号登台亮相,宣布这一国号的是忽必烈颁发的《建国号诏》。因为有了这份文件,"大元"国号的涵义就非常清楚了。在这份文件里,最关键的几句话是:

> 我太祖圣武皇帝,握乾符而起朔土,以神武而膺帝图,四震天声,大恢土宇,奥图之广,历古所无。顷者,耆宿诣庭,奏章申请,谓既成于大业,宜早定于鸿名。在古制以当然,于朕心乎何有。可建国号曰"大元",盖取《易经》"乾元"之义。(《元史·世祖本纪四》)

非常有意思的是,类似这样的文件,我们今天却很难见到,或许当初就没有出台过多少这样的正规文件。按照道理,中国历史上建立的国家很多,国号作为国家的政治文化符号也极为重要,然而说明国号具体由来的文件却少见或者少有,尤其对于汉族政权更是如此。这又是为什么呢? 比附一下父母长辈为子孙命名、却没有留下什么文字材料的情形,我们应该就可以理解这种现象了:取名定号,本来就有一定的规矩,而且肯定受到大家都心知肚明的时代风气的影响,所以又何必啰嗦? 值得注意的,反而是一些比较"心虚"、"底气"可能不足的在汉地建立的非汉民族政权,如十六国时匈奴人刘渊的汉、匈奴人刘勃勃的夏,北朝时鲜卑族拓跋部的魏,为了表明他们的政治或文化取向,拉近与汉人之间的心理距离,或是为了向汉人示好、以利于统治,往往会正而八经地君臣集议一番或出台一个文件,说明一下国号的来源取义。而忽必烈颁发的《建国号诏》,就属于这种情形。

《建国号诏》的内容可以分为两大部分。第一部分系统阐述了当时对此前若干中原王朝国号由来的看法,所谓"诞膺景命,奄四海以宅尊;必有美名,绍百王而纪统。肇从隆古,匪独我家。且唐之为言荡也,尧以之而著称;虞之为言乐也,舜因之而作号。驯至禹兴而汤造,互名夏大以殷中。世降以还,事殊非古。虽乘时而有国,不以利(义)而制称。为秦、为汉者,著从初起之地名;曰隋、曰唐者,因即所封之爵邑"云云;第二部分则如上所引,列举了以"大元"作为国号的冠冕堂皇的理由以及大致的过程。分析这些内容我们可以知道,蒙古这次建国号的基本思路,是"以利(义)而制称",即既不仿照秦、汉国号的"著从初起之地名",也不仿照隋、唐国号的"因即所封之爵邑"(其实,秦、汉、隋、唐国号的取义并非如此简单),而是要以"美名"接续唐、虞、夏、殷(商)等等中原王朝的传统,这正表明了蒙古大汗政权愿意接受汉文化的态度,以及通过采用汉式国号、赢取中原正统政治与文化的企图。当然,《建国号诏》非议秦、汉、隋、唐国号为"事殊非古"、"不无少贬",也是有其缘故的。因为"大元"乃以外族而立国中原,原先不曾受过中原王朝的任何封爵,又无合适的"初起之地名"可用,所以也只能"以利(义)而制称"。

"以利（义）而制称"的大元国号，还有着现实的作用。1933 年朱希祖先生就指出："蒙古崛起沙漠，而其统一中国，乃定国号曰元，消除地方及种族之色彩，使异国异族之人，失其外族并吞之观念，此最为当时之妙用也。"（《后金国汗姓氏考》）的确，宣布于加紧征讨南宋之际的大元国号，客观上减少了统一战争时的民族隔阂阻力：建立大元国号后不到八年，蒙古就灭了南宋，完成了统一大业。如此看来，这意在"消除地方及种族之色彩"的大元国号，虽然是心虚与示好的产物，达到的效果却是大大地到位。

大元的"元"

说了半天了，这"大元"到底是什么意思呢？其实在《建国号诏》里，对此已有明确说明："可建国号曰'大元'，盖取《易经》'乾元'之义。"这句话的意思是："决定以'大元'为国号，这是采取《易经·乾》卦里'大哉乾元'的意思。"顺着这个线索，我们翻开《易经·乾》卦：

乾，元亨利贞。……《彖》曰：大哉乾元，万物资始，乃统天。……《象》曰：天行健，君子以自强不息。

可知"元"为《乾》卦"元亨利贞"四德之首，万物的生长都靠着"元"开始，元是天地万物的本原，是天德的主宰，象征着"天行健，君子以自强不息"。如此深奥而美好的意思，可谓巧妙地兼顾了各方面的传统与想法：

第一，与蒙古民族敬天与尚武的习俗十分吻合。

《乾》为八卦之首，代表着天，《乾》又为六十四卦之首，象征阳性或刚健；蒙古民族是个敬天的民族，没有一事不归于天，成吉思汗本人就始终信仰萨满教宣扬的"长生天"，也就是永恒的天神。如此，与乾相联系的"元"，实在体现了"长生天"的意思。蒙古民族来自草原，草原的生存法则是弱肉强食、崇尚武力、追求胜利。身材高大魁梧的蒙古民族，正是阳性与刚健的民族。

第二，迎合了汉人的心理需求。

汉人也是敬天畏天的。中国传统的农业经济，是"靠天吃饭"的经济。中国古代的政治结构，是天——天子——子民的结构，即天子是代表天治理子民的，天喜欢天子，就风调雨顺，天不喜欢天子，就灾异频繁。如此，以象征着天的"元"作为国号，当然能为汉人所接受。在《建国号诏》里，忽必烈又宣称："予一人底宁于万邦，尤切体仁之要。事从因革，道协天人。"译成白话文就是："我奠定了天下万国的安宁，尤其能够体会仁德的重要性。所以一切事务都要按照原来的制度，治民之道也要尽力谋求天人之间的和谐协调。"这样的取义，又无疑能为讲究和平安宁、仁义道德、天人合一的汉人所接受，"大元"国号也因此成为忽必烈实行汉化的文化标志之一，从而迎合了汉人的心理需求。

第三，彰显了当时蒙古大汗之国的盛世武功。

"元"这个字有许多的美义。如由元字本义为人头（首）引申，有"开始"的意思；由"大哉乾元"引申，元又有"大"的意思，甚至可以认为"元"的本义就是"大"。而以"大元"也就是"大大的大"称呼定立国号为大元时的蒙古大汗之国，真是名副其实：1271 年时，蒙古大汗之国已有蒙古本部、西夏、金、大理、吐蕃五大区域以及西辽、南宋的部分地方，确实是个泱泱大国！

第四，尤为巧妙的是，"大元"国号还与此前的"大蒙古国"、"大朝"国号存在联系，能够衔接。

成吉思汗建国以后，蒙古大汗早期的正式汉文国号是"大蒙古国"，非正式的汉文国号则是"大朝"。相对而言，"大蒙古国"国号的民族色彩较为浓重，主要使用在外交文书中，对汉人使用的"大朝"，又不太像正式的国号。所以，等到"大元"国号出来以后，汉文的"大蒙古国"、"大朝"就不再使用。然而，新的"大元"与老的"大蒙古国"、"大朝"仍有联系，也就是说，蒙古大汗先后使用的这三个汉文国号，即"大蒙古国"、"大朝"、"大元"，其实是一脉相承的，而且做的都是"大"字的文章！"元"也是"大"，只不过比"大"更加富有文采，更加有典有据，更加像个正式国号而已。这正如元朝《经世大典·序录》中所说的那样：

> 自古有国家者，未若我朝之盛大者矣。盖闻世祖皇帝初易"大蒙古"之号而为"大元"也，以为昔之有国者，或以所起之地，或因所受之封，为不足法也。故谓之"元"焉。"元"也者，大也。大不足以尽之，而谓之"元"者，大之至也。

大哉乾元

依据上面的讨论，我们知道了"大元"国号的含义就是"大"，而且还是"大大"。蒙古民族来自"天苍苍，野茫茫，风吹草低见牛羊"的广阔草原，他们视野广大、心胸开阔；蒙古民族的英雄们，从成吉思汗到忽必烈，建立了疆域广阔、超迈往古的国家，所以蒙古民族特别喜欢这个"大"字。怎么个喜欢法呢？除了"大元"国号外，元朝的许多年号，至元、元贞、大德、至大等等，也都是"大"的意思，也都与《易经·乾》卦的"元亨利贞"四德紧密相连。这样看来，立国中原后的蒙古大汗政权，又特别看重《易经》。

《易经》是部什么书？记得曾仕强先生在《百家讲坛》专门讲过《易经》。简单些说，《易经》本来称《易》，是一部古老的用于算卦的书，后来随着对它的解释，逐渐演变成了一部讲哲理的典籍，并上升为儒家的经典，被推尊为"群经之首"、"大道之源"。《易经》的核心内容，是阳爻━、阴爻━━两种符号，也称爻象；阳爻、阴爻组成的乾、坤、震、巽、坎、离、艮、兑八种三画卦，也称八经卦；八卦两两相重，又构成六十四别卦。解卦的辞句为象辞，后来称卦辞，说爻的辞句为爻辞。如我们上面说到的《乾》卦，是《易经》的第一卦，卦象的六画都是阳爻，卦辞为"元亨利贞"，爻辞则描述了龙象起伏升降的变化，即从下往上，第一画的爻辞为"潜龙勿用"，第二画的爻辞为"见龙在田，利见大人"，第三画到第六画的爻辞分别为"君子终日乾乾，夕惕若，厉，无咎"、"或跃在渊，无咎"、"飞龙在天，利见大人"、"亢龙有悔"。在卦辞与爻辞的无限解释空间中，就包含了天地万物、人生智慧与生活道理。

特别值得关注的是，这样一部包罗万象、深奥难懂的华夏（汉族）传统文化典籍，竟然得到了草原游牧民族蒙古族的重视，大元国号以及诸多的元朝年号,竟然都得自《易经》。那么,具体到大元国号,究竟又是如何出台的呢?原来忽必烈的身边另有高人。

第一位高人是王恽。王恽是卫州汲县(今河南卫辉)人。《元史·王恽传》里说他"有材干","好学",善于写文章。当他在朝廷担任监察御史时,曾上书建议建国号:

> 伏见自古有天下之君,莫不首建国号,以明肇基之始。方今元虽纪而号未立,盖未有举行之者,是大阙然。钦惟圣朝统接三五,以堂堂数万里之区宇,垂六十年大号未建,何以威仰万方,昭示后世?愚以谓国之称宜下公卿大臣及五品以上官集议阙下,则天下幸甚!
> (《乌台笔补》)

这里,"方今元虽纪而号未立"一句的"元虽纪",是指1260年三月忽必烈即汗位后,随即于五月建元"中统"。虽然在汉族的历史上,建元(建立年号)也是开国的头等大事,但对于蒙古民族来说,更为前所未有的创举;至于"号未立",盖王恽视"大蒙古国"、"大朝"为非正式国号,王恽所希望"集议"建立的,乃是符合历代中原王朝传统的汉式国号,从而使"圣朝统接"三皇五帝一类的中国"有天下之君"。

第二位高人是刘秉忠。据《元史·刘秉忠传》记载,1271年,刘秉忠"奏建国号曰大元"。刘秉忠是什么人?刘秉忠,邢州(今河北邢台市)人,自幼博览群书,早年曾经出家为僧,法名子聪。因为博学多才,得到忽必烈的重用。他侍奉忽必烈三十多年,"参帷幄之密谋,定社稷之大计","颁章服,举朝仪,给俸禄,定官制",有元一代的成宪,多出其主张。他还主持规划过元大都的设计。刘秉忠精习《易经》,深通北宋理学家、易学家邵雍推究宇宙起源、自然演化和社会历史变迁的《皇极经世》,熟知天文、地理、律历与算卦占卜之术。

第三位高人是徒单公履。徒单公履是女真族,获嘉(今河南获嘉县)人。他博学多闻,是金朝的进士、元朝的翰林侍讲学士。忽必烈颁发的《建国号诏》,就出自徒单公履的手笔。

至此,我们知道了,因为汉臣王恽请建国号,汉臣刘秉忠建议国号为"大元",而汉化的女真人徒单公履受命拟诏,于是才有"大元"国号的出现。当然,虽有刘秉忠这样的高人献议以《易经》"大哉乾元"的"大元"为国号,接不接受还在蒙古大汗忽必烈的选择。忽必烈在继承大汗之位前长驻汉地,主管汉地的军政事务,对于汉族的传统文化、礼仪制度理解较深,尤其佩服唐太宗李世民,他的身边也有不少的汉族谋臣;等到忽必烈继承大汗之位后,遂更加激进地推行汉法,并全面采用了汉族王朝的建号模式,如寓有"中原正统"之意的"中统"年号创立于1260年五月,1264年八月又改年号"至元";1265年为成吉思汗奉上庙号太祖,次年又上太宗(窝阔台)、定宗(贵由)、宪宗(蒙哥)及生父睿宗(拖雷)庙号。1271年,忽必烈确定以"大元"作为国号,既反映了蒙古从忽必烈时代起,便不再是草原游牧国家,而是中原正统王朝了;也从一个有趣的侧面说明,来到中原的蒙古人,真的喜欢上了汉族的《易经》。

因为忽必烈与刘秉忠这对君臣,1271年威名远扬的"大元"国号出现了;而1368年元朝灭亡或者说"大元"国号北移草原(回到草原的妥懽帖睦尔及其子爱犹识里达腊、孙脱古思帖木儿仍奉大元国号，直到 1388 年，史称"北元"）之时，因为朱元璋与刘基这对君臣的谋划，"大明"国号已经登台亮相。"大明"国号又是怎么回事呢？请看下一讲"大明：一石三鸟"。

大明：一石三鸟

明太祖画像

宸衷独断与"恢复中华"

从 1368 年正月初四朱元璋在应天（今江苏南京市）钟山之阳即皇帝位，"定有天下之号曰大明"（《明太祖实录·洪武元年》），到 1644 年三月十九日大顺王李自成攻破京师（今北京市），朱由检在煤山寿皇亭（今北京市景山东部）自缢身亡，这前后二百七十六年，是中国传统历史纪年中的明朝。明朝的首都，先在今天的南京，1421 年明成祖朱棣迁到了今天的北京。

明朝的最大特点可以用一句话来概括：中国传统帝制时代汉族作为统治民族所建立的最后一个统一王朝。

明朝把中国古代的集权专制制度发展到了巅峰，从秦汉统一后的集权中央，变成了明朝的集权皇帝。在这个过程中，臣子的地位是越来越低。如宋朝以前，臣子是可以坐着和皇帝说话的，到了宋朝，就站着说话了，再到明朝，不但不许坐，站着都不行，得跪着说话了；相应地，皇帝的地位是越来越高,到了明朝,皇帝更是"宸衷独断",连一人之下、万人之上的丞相也被废除了。废相之后,政归六部,吏、户、礼、兵、刑、工各司其职,有事直接向皇帝请示。当然皇帝一人的精力毕竟有限,光是每天大量的奏疏,就已经让皇帝疲惫不堪。朱元璋曾经自述"百僚未起朕先起,百僚已睡朕未睡",一度十分羡慕江南富翁"日高丈五犹披被"的悠闲生活(冯梦龙《智囊全集·明智部·知微》)。于是形成了选些文臣学士到内廷殿阁值勤,备皇帝顾问、帮皇帝做事、对皇帝负责的"内阁制"。皇帝又依靠其爪牙,诸如锦衣卫、东厂、西厂等特务机构,实施严密的政治统治与人身控制。朱元璋还发明了"剥皮实草"的残酷刑罚,整肃贪官,即在剥下的贪官皮囊里,填充稻草与石灰,放在地方公堂之上,警示继任者不要重蹈覆辙,否则这个"臭皮囊"就是他的下场。而诸如此类的措施,使得明朝起码在制度上成为中国历史上吏治最严的朝代之一。

在文化、经济、科技等等方面,明朝也有着辉煌的成就。明朝的学校、科举之法,为清朝所沿袭,施行了五百多年;明朝手工业的高度发展、市镇的大量涌现、商品货币经济的繁荣,也是空前的;明朝科技的进步,由郑和"七下西洋"的壮举所体现出的造船技术、航海设备,就可见一斑。所以无论从哪个方面讲,明朝都是中国古代发展历程中极其重要的一个朝代。

明朝的这种地位,也体现在明朝灭亡以后的很长时段里,人们总是记挂着明朝,而且这种记挂还往往转变为现实的行动。如清初,以明朝遗民为主要成员的复社等团体,民间秘密组织如红花会、天地会一类,都以"反清复明"为号召和目标;到了清末,反清复明的各种力量更加繁杂,其中,以孙文为代表的资产阶级革命派所成立的团体"兴中会",入会誓词就明确提出"驱除鞑虏,恢复中华,创立合众政府"。"驱除鞑虏,恢复中华",就是排满灭清,这与元末朱元璋的"驱逐胡虏,恢复中华,立纲陈纪,救济斯民"(《明太祖实录·吴元年》),与清初的"反清复明",表面意思是一致的。1912 年 2 月 12 日,清帝宣布退位;15 日,中华民国临时大总统孙文举行"民国统一大典"。作为大典的一项重要内容,孙文率领"国务卿士、文武将史"拜谒明孝陵。这次拜谒活动,以孙文名义发布了两个文告:一是《祭明太祖文》,一是《谒明太祖陵文》。从内容上看,两个文告大同小异,都以清室退位、民国统一的功业,昭告"我高皇帝"朱元璋的"在天之灵"(见《孙中山全集》)。所以如果立足于中国传统史学的正统观念,那么 1912 年创立的中华民国,也就仿佛大明的重建。至于民国时代中华民族受人欺负时,我们喜欢谈论郑和下西洋的辉煌,喜欢谈论戚继光痛击倭寇的功业,也都是些有意思的现象。如此,从理解清朝以至中华民国的历史而言,大明王朝也是极其重要的一环。

同样有意思的社会现象是,大约从 2006 年初开始,"明史热"又几度飘红,电视上热播的洪武皇帝、大脚马皇后、张居正,势头压过了清朝的大辫子,改变了历史剧由清宫戏垄断的局面;重写历史的张宏杰的《大明王朝的七张面孔》、当年明月的《明朝那些事儿》等明史图书,成为经久不衰的畅销书;而以明史为主题的官方讲坛与民间讲座,也是方兴未艾,如此等等,甚至形成了一种特别的文化景观。何以如此呢? 从深层的文化心理看,也当与明朝乃是中国传统帝制时代汉人建立的最后一个统一王朝有关吧。

大明与明教

这极其重要的明朝,创始于大明太祖高皇帝朱元璋。可不要小瞧了这位出身贫苦农民、曾是牧童、做过和尚的朱元璋,他的精明与智慧,在中国历代开国大帝中,可居鼎甲之列。

朱元璋的精明与智慧,也集中体现在"大明"国号上。明朝的正式国号是"大明","大"字不必多说,元朝的正式国号是"大元",清朝的正式国号是"大清","大"有伟大、高妙、壮美等意思。所以我们主要说"明"字。

朱元璋为什么要以"大明"为国号呢?社会上流行的说法,可以金庸先生的武侠小说《倚天屠龙记》为代表。书中男主人公张无忌,在经历了一系列的奇遇后,成为了武功高深的明教教主,他与天下武林讲和修好,进而率领天下英雄抗击残暴的蒙元统治,而朱元璋、徐达、常遇春等人,都是明教中人。《倚天屠龙记》结尾写到:"其后朱元璋虽起异心,迭施奸谋而登帝位,但助他打下江山的都是明教中人,是以国号不得不称一个'明'字。"

应该说,金庸先生的上述描写有一定的依据。以吴晗先生为代表的不少学者就认为,大明国号来自明王,明王来自《大小明王出世经》。《大小明王出世经》是唐朝时从波斯传来的摩尼教的经典,摩尼教是3世纪时波斯人摩尼(Mani)杂糅祆教、基督教、佛教而创立的。因为摩尼教宣扬光明必将战胜黑暗,最高主神为明尊,明尊的下面有多位明使,明使出世为明王,明王"教化众生,令脱诸苦"(《摩尼教残经》),所以在中国,摩尼教也被称为明教,而大明国号就出自明教。

"大明"国号果真出自"明教"吗？大明国号的真实来源,是与宗教有关,但不是明教,而是佛教;朱元璋也不是明教的大将,而是自居为佛教的明王。朱元璋这位佛教的明王,取"大明"为国号,还真起到了"一石三鸟"的特别作用呢。

"白莲"中走出耀眼的"明王"

我们先来说说这佛教的明王朱元璋。

朱元璋,本名朱重八,濠州钟离(今安徽凤阳县东北临淮关)人。为什么叫重八呢？最有可能的是他在伯父与父亲的男孩中排行老八,他的上面,确实有"重一"到"重七"。当然还有些其他的说法,或说是父母生他时的年龄之和为八十八岁或六十四岁,或说他是八月初八出生的。不管怎么说,"重八"这名都是很土气的,除了算个代号以外,没有什么其他作用。朱家是贫苦农民,朱重八的高祖叫朱百六,曾祖叫朱四九,祖父叫朱初一,父亲叫朱五四,母亲叫陈二娘,由此也可见这朱家的身份。当然,这样的取名还与元朝的制度有关。在元朝,老百姓是不能一本正经取名的,只以行辈或父母年龄合计取名。如常遇春,曾祖叫四三,祖父叫重五,父亲叫六六。朱重八是参加"革命"后,才改名朱元璋的。

朱元璋的一生,非常传奇,看看吴晗先生《朱元璋传》目录中他身份的变化,就能略知大概:小行童,游方僧,九夫长,小军官,大元帅,吴国公,吴王,开国皇帝。这一系列身份的提升,是在 1344 年到 1368 年的二十四年中完成的。

朱元璋出身贫寒,小时候为地主放牛,青年时做过几年的和尚与云游和尚,并在云游期间加入了当时民间广泛流传的白莲教。1351年,白莲教首领、河北永年(今属河北)白鹿庄人韩山童与颍州(今安徽阜阳市)白莲教首领刘福通发动了反元起义。当时的元朝,政治腐败,社会黑暗,阶级矛盾与民族矛盾尖锐,人民尤其是汉族人民生活在水深火热之中。而为了争取广大汉族民众的支持,韩山童说他本来姓赵,是宋徽宗赵佶的八世孙,“当为中国主”(《元史·顺帝本纪》),刘福通则自称是抗金有功、颇受朝廷礼遇的南宋大将刘光世的后人。起义军打出了“反元复宋”的旗号,因为被元朝灭亡的宋朝属于五德中的火德,而火德的象征色为红色,所以起义军头裹红巾、打着红旗,这次起义,也就被称为“红巾军起义”。

红巾军起义后,天下群雄并起,纷纷建立政权:1351年,徐寿辉国号大宋;1354年,张士诚国号大周;1360年,陈友谅国号大汉;1362年,明玉珍国号大夏;1355年,刘福通则迎立已经牺牲的韩山童之子、“号宋徽宗九世嫡孙”(《国初群雄事略·宋小明王》)的韩林儿为皇帝,尊为“小明王”,建都亳州(今属安徽),国号宋。值得注意的是,以上宋、周、汉、夏,都是历史上汉族中原王朝使用过的著名国号,在当时,则是有力的反元旗帜,表现了割据群雄重建汉族统治的决心。特别是其中的宋国号,因为“隐退”不久,人们的记忆犹深,所以影响尤为巨大,徐寿辉的宋与韩林儿的宋,便分别是南方红巾军与北方红巾军的中坚与主力。

再来说朱元璋。1352年,凤阳皇觉寺里的和尚、二十五岁的白莲教徒朱元璋经过反复犹豫,而且还卜卦问神,得到了"卜逃卜守则不吉,将就凶而不妨"(朱元璋《大明皇陵之碑》),也就是出逃或守在庙里都不吉利、不妨投靠红巾军试试的结果,投到了响应刘福通起义的白莲教徒郭子兴的部下,做了个小卒。郭子兴很重用他,不仅为他改名"元璋",还把自己的养女马氏许配了他,这马氏就是后来著名的为人仁厚的"大脚马皇后"。而经过七八年的发展,朱元璋以今天的南京为中心,拥有今皖南、苏南、苏皖江北以及浙东等地,成为称雄一方的霸主。1361年,小明王韩山童封朱元璋为吴国公。历史上,南京属于吴地,三国时孙吴的都城也在南京,所以韩山童封朱元璋为吴国公。1364年,朱元璋更自立为吴王。随后几年,朱元璋又扫荡群雄,害死小明王,并最终推翻了元朝,统一天下,完成了红巾军"反元"的历史使命。不过,红巾军"复宋"的使命,却起码在名义上没有能够实现。因为朱元璋建立的新王朝,没有继承小明王的"宋"国号,而是启用了新的"大明"国号。那么,这大明国号又是从何而来的呢?

首先,朱元璋的"大明"国号与韩林儿的"小明王"尊号有着明显的承袭关系。

明人孙宜在《洞庭集·大明初略》中说:"国号大明,承林儿小明号也。"毕竟长期以来,朱元璋是接受韩林儿领导的,哪怕他做吴国公、吴王时,表面上仍然尊奉韩林儿的宋政权为正统,这有些类似于当年曹操的"挟天子以令诸侯"。

其次,韩林儿的"小明王"尊号来自元末白莲教宣扬的"明王出世"。

这就要说说白莲教了。南宋初年,已为僧二十多年的平江昆山(今属江苏)人茅子元在淀山湖畔建白莲忏堂,"劝诸男女同修净业,自称白莲导师,坐受众拜"(志磐《佛祖统纪》),这样就产生了一个新的佛教宗派——白莲教。而由于太上皇赵构召见及赐封了茅子元,白莲教又逐渐传播了开来。白莲教讲究结社念佛,重视师徒与宗门关系,其教义直接承袭自佛教净土宗的弥陀净土法门。中国佛教的净土信仰,本来分为弥勒净土和弥陀净土两门,前者礼念弥勒佛,后者礼念阿弥陀佛。如我们礼念的"南无阿弥陀佛",就是"皈依阿弥陀佛"、"向阿弥陀佛致敬"的意思。白莲教是崇奉阿弥陀佛的,以往生净土即阿弥陀佛所在的西方极乐世界为修行宗旨,宣扬"念念弥陀出世,处处极乐现前"(普度《庐山莲宗宝鉴》)。元朝时,白莲教一派兴盛,为数众多、遍布各地的堂庵,各堂庵多则千百、少犹百人的信徒,使得白莲教有"千枝万叶遍乾坤"(果满《庐山白莲正宗昙华集》)的说法,其组织也相当严密。而元末白莲教宣扬的"弥陀出世"的教义,又唤醒了当时生活在黑暗统治下的广大人民对于美好未来的向往。

那么,"弥陀出世"又是什么意思呢?白莲教徒诵读的主要经典《大阿弥陀经》中说:

> 佛言:阿弥陀佛光明明丽快甚,绝殊无极,胜于日月之明千万亿倍,而为诸佛光明之王,故号无量寿佛,亦号无量光佛……超日月光佛。其光明所照,无央数天下幽冥之处皆常大明。

既然阿弥陀佛是"诸佛光明之王",简而言之就是"明王",那么"弥陀出世"，也就是"明王出世"。明王为什么要出世呢？因为天下大乱了，红色的明王将来到人间，拯救苍生，然后就是没有痛苦与不平，充满庄严、清净、富足、美妙的极乐世界了。韩山童以"明王"为称号，韩山童、刘福通发动的反元起义，起义军以红色为标志，以及韩林儿以"小明王"为尊号，宗教方面的背景正在于此。

再次，朱元璋自居为佛教的明王，所以用"大明"为国号。

朱元璋既为白莲教徒，当然对白莲教的主要经典《大阿弥陀经》相当熟悉，对韩山童倡导的"明王出世"口号，以及韩林儿身受的"小明王"尊号的出典，也应当了然。而在这样的前提下，朱元璋以大明为国号，未尝不是对自己出身佛徒的一种纪念。朱元璋曾经非常看重他成功前的艰难岁月，也毫不忌讳他的佛徒出身。因为自古以来，由和尚而掌有天下的仅他一人，如果真的有"诸佛光明之王"出世，那么这位从"白莲"中走出的耀眼的"明王"，舍他又能是谁呢？他就是佛教明王的化身！

武将、文臣与百姓

自居为佛教明王化身的朱元璋，无论是打天下，还是坐天下，手段都极为高明。有趣的是，朱元璋以"大明"为国号，也可以看作是朱元璋"一石三鸟"高超统治术的集中体现。也就是说，"大明"这一块石头，征服了武将、文臣、百姓这三只"鸟"。

首先，就出自红巾军系统的武将来说，大部分都是白莲教的信徒。朱元璋以出自白莲教经典《大阿弥陀经》的"大明"作为国号，表达出了新王朝是继承"小明王"而起的意思,所有的白莲教徒也都是一家人,应该团结在一起,在"大明"的治下,共享富贵。这在出身红巾军的人看来,无疑显示了打天下时的"主公"、坐天下时的"今上",并没有忘本。红巾军系统对此的欣慰之情,是可以想见的。

其次,就更广大、深受宗教影响的天下百姓来说,大明国号有着双重的效用:一方面,"大明"国号向亿兆斯民宣告,经历了这场大动乱以后,新王朝的建立,就是光明世界的到来,从此天下"大明",仿佛明王所在的西方极乐世界,天下百姓理当安心,理当老实本份地享受"明王"治下和平安宁、幸福美满的生活;另一方面,"大明"国号也警告那些有心效仿的后来者,"明王"已经在世,"明王"仅此一家,其余的全是假冒,你们不必再痴心妄想了。因为百姓万民不会相信,你们已经没有借口,你们应该收敛起不轨的心思,来做大明的顺民。也正是与这样的"暗示"相对应,明朝建立以后,为了巩固统治,于是宣告白莲教为非法,禁止白莲教的传播。朱元璋这样做,是为了堵住别人的路子,避免再出现什么"明王"、"小明王"甚至"大明皇帝",这与赵匡胤陈桥兵变、黄袍加身、建立宋朝以后,为了避免别人也依样画葫芦而"杯酒释兵权"其实是一样的思路。

再次,就儒生文臣来说,因为"大明"国号可以附会出许多的秘义,所以他们也乐于接受。

朱元璋虽然是大老粗一个,但他重视儒生,招揽儒生,相信儒生。名儒望族的合作,参预谋议,本来就是朱元璋能在元末群雄中脱颖而出,"乘时应运,豪杰景从,戡乱摧强,十五载而成帝业"(《明史·太祖本纪》)的重要原因之一。如朱元璋接受儒生朱升的建议,"高筑墙,广积粮,缓称王"(《明史·朱昇传》)。"高筑墙"，重在强固后方军事；"广积粮"，旨在发展农业生产、积累经济实力；"缓称王"，是不急着称王称帝，以免树大招风，引起群雄关注，而备受四方攻击。朱元璋手下的儒生集团，固然大体不信什么白莲教，而且视"明王出世"为滑稽；然而，秉承着深厚的经史学术功底，对于这个起自红巾军，但是已经蜕化变质、与中国历史上传统王朝并无多少区别的"大明"王朝，儒生文士按照他们自己的理解，也可以不费力气、不伤脑筋地为"大明"附会出许多的"秘义"。而且这些"秘义"，由于渊源久远，他们乐于讨论；由于冠冕堂皇，他们津津乐道。

比如说，"明"字左为"日"，右为"月"。古代帝王祭祀日、月的仪式，称为朝日、夕月，"朝日"指春分拜日于东门外，"夕月"指秋分拜月于西门外。古礼又有祭祀"大明"即祭日的说法。这样，国号与祭典相合，自然是大吉大利。

再比如说，在阴阳五行说里，南方为夏、为阳、为红色，北方为冬、为阴、为黑色。应证到现实政治上，"大元"建都北方，起自更北面的蒙古草原，"大明"建都南方，起自南方的江淮之间，那么，以夏制冬，以阳消阴，以红色压黑色，都是有说法的。这样，南方必然平定北方，大明必然平灭大元，也就是阴阳五行的天定了！

在中国古代神话里，火神祝融是黄帝的曾孙，祝融的故墟就在朱元璋定都的南京。而按照朱元璋自己的说法，"本家朱氏，出自金陵之句容，地名朱家巷，在通德乡"(郎瑛《七修类稿·朱氏世德碑》)，金陵就是今天的南京。这样，南京又成了朱元璋的祖籍，而且朱氏自认为是祝融的后代。更巧的是，祝融又叫"朱明"，这名字有赤热光明的意思，它把皇帝的尊姓"朱"和国家的大号"明"天衣无缝地联在了一起,这真是多少世代前的天意啊!

其他诸如历史上的中原王朝宫殿名称,有大明宫、大明殿;《诗经·大雅》有叙述三代之周开国历史而归于天意的《大明》诗篇……

呜呼!国人的名号情结真是深重,对名号的解释功夫也着实让人叹为观止!而如此等等与"大明"国号相关的巧合与附会,是不是和我们讲过的赵匡胤的宋国号属于"天地阴阳人事际会"有得一拼?其实明朝当时人确是这么认识的,如袁文新、柯仲炯等编纂的《凤阳新书·太祖本纪》中就说:

> 太祖定鼎金陵,则祝融之故墟也。……故建国号大明,其有祖也。夫祝融大明,容光必照。……所以我太祖以大明建国,亦以大明光天,中天下而立,定四海之民,所重民历,以示三纲五常,以昭日月,以引趋光而避凶,此皇明治天下,潜移默化之大旨,所以四海来朝,亦以是赐之耳。知此道者,其可以语我太祖取号"大明"之秘义乎!

既然"大明"的取义如此丰富多彩、有根有据、符合天意,所以儒生文士们当然也会赞成以"大明"为国号了。

朱元璋确定国号为"大明",又据说还是听从了他的首席谋士刘基的建议。明朝中期"吴中四才子"之一、与唐伯虎齐名的祝枝山,在《野记》的开卷就说:刘基"因请建号大明,太祖从之"。刘基,青田(今属浙江)

人，字伯温，元朝进士。他博通经史，尤精象纬之学，是中国历史上与诸葛亮齐名的半人半仙式的人物，而这两位又都与南京有关。南京号称"龙蟠虎踞"，虽然据历史学家考证，诸葛亮并没有到过南京，但南京民间还是喜欢把"龙蟠虎踞"的版权归到诸葛亮的身上；至于明朝初年都城南京的总设计，包括都城的布局、城墙的走向、紫禁城的位置等等，则是刘基一手规划的。我们可以说，朱元璋身边的刘伯温，就好比刘邦身边的张良、忽必烈身边的刘秉忠。明朝的开国功臣，武将第一推徐达，文臣第一推刘基。

总之，朱元璋定立国号为"大明"，不仅是以此来纪念其佛徒的出身、自居为出世的"明王"，而且起到了"一石三鸟"的现实作用：红巾军系统的武将从白莲教义去感触，欣慰于他们的这位开国皇帝没有忘本；儒生文士集团由经史学术去理解，得意于他们效命的这个新王朝渊源有自，合乎天意，顺乎民心；至于天下的黎民百姓，则会安心于"明王出世"后的光明极乐世界，而这又无疑有利于强化朱元璋的集权专制统治，巩固他一家一姓的天下。

然而这十分巧妙、功效显著的"大明"国号，还是比不上后来的"大清"国号，"大清"国号压倒了"大明"国号，大清也取代了大明。这又是怎么回事呢？请看下一讲"大清：化被动为主动"。

大清：化被动为主动

崇德帝皇太极朝服画像

精神的力量

    "大清"是继"大元"之后，又一个由非汉民族作为统治民族建立的全国性政权。大元的统治民族是蒙古族，大清的统治民族是满族。我们在谈"大元"国号时曾经指出，元朝的制度是蒙汉二元、夷夏并用的，元朝的文化仿佛金戈铁马、万顷草场与男耕女织、千亩良田的综合。大清也有这样的味道。如八旗制度、议政王大臣会议制度是满制，剃发结辫是满俗，而内阁制度、六部制度、尊孔敬儒等等，就是对汉族明朝制度的继承了；至于强令汉人剃发易服，又大肆蓄奴、大量圈地，则是征服者对被征服者人格、尊严的侮辱与土地、资产的掠夺。

    进而言之，如果我们扩大一层到中国历史上入主中原的其他非汉民族政权，上升一步到理论概括的话，那么，德裔美国汉学家魏特夫（Karl August Wittfogel）提出的"征服王朝论"，颇值得我们参考。在魏特夫看来，中国古代诸北族王朝，按其统治民族进入内地的不同方式，可以分为

"渗透王朝"(Dynasties of Infiltration,如十六国、北魏)与"征服王朝"(Dynasties of Conquest,如辽、金、元、清)两类;就其对汉地文化的态度论,也有程度上的差异,即"渗透王朝"较倾向于吸收,"征服王朝"较倾向于抵制;又在诸"征服王朝"中,由于从前文化背景、生活方式的差异,辽、元较倾向于抵制,金、清较倾向于吸收。然则,这样的理论,对于我们理解诸多"北族王朝"的制度架构、文化选择、社会变迁以及具体的名号定立,都具有相当的启发意义。

具体到清朝,从白山黑水,到黄河长江的中原,其狩猎与农耕的交融,传统与新变的综合,满汉二元的制度与文化,当然也不例外。而在此过程中,由始到终,由崛起到衰亡,清朝的全部历史,尤其凸显了一个关键词的力量:精神。

从努尔哈赤到皇太极,再到多尔衮辅佐福临,那是"一支充满蓬勃朝气、奋发向上的满族,托起了民族的脊梁。艰苦拼搏,百折不挠,以少胜多,以弱胜强,直至创建全国政权,精神力量是不可或缺的根本因素"(《戴逸自选集·满族兴起的精神力量》);再从圣祖玄烨、世宗胤禛到高宗弘历,因为勇于开拓、敢于创新、勤于政事、善于学习的精神,清朝出现了超过百年的罕见的"太平盛世",缔造了超过一千三百万平方公里、唇齿相依、血肉相连的庞大疆域,养育了占世界三成左右超过三亿的人口,修编了超过一亿六千万字的现存最大的类书《古今图书集成》与将近十亿字的中国古代最大的丛书《四库全书》。同样,也是因为因循保守、麻木不仁、缺乏变革的精神,嘉庆、道光以后的清朝,既难以摆脱历代王朝盛衰荣枯的规律,也无法跟上日新月异、迅猛发展的世界形势,于是陷入了遭受资本帝国主义列强任意宰割的苦难深渊。人是要有点积极精神的，所谓"天行健，君子以自强不息"；国家更不可缺失奋发图强、进取创新的精神，否则就会落后，落后就要挨打。列强的枪炮轰鸣之下，丧失的岂止是民族的尊严，而且还会丧失作为国家根本的主权，这就是清朝历史留给我们今人的深刻教训。

历史是一面镜子。透过清朝兴衰历史的这面镜子，我们看到了精神的力量。那么，具体到大清国号的历史，我们又从中看到了什么呢？

所谓后来者居上，从国号的含义与作用看，大清国号可以说是中国传统国号的总结，它借鉴了历史，取典于文化，服务了现实，作用于未来；对于团结满、汉、蒙等各族势力，对于转变满汉、满蒙关系中的被动劣势、取得主动优势，对于大清从东北边区政权成为中国统一王朝，"大清"国号都发挥了或显或隐的作用。这都是怎么回事呢？让我们从头说起。

英明汗的"金"

众所周知，在清朝皇帝的世系表中，努尔哈赤排在首位，被尊为"太祖高皇帝"。然而实际上，1616年正月，努尔哈赤在赫图阿拉（今辽宁新宾县西老城）建国称汗时，汉译的国号是"金"，史称"后金"；汉译的汗号是"天授养育诸国英明汗"。两三年后，努尔哈赤又铸造了老满文的"天命金国汗之印"。这样，一个臣民数十万的"金"国，出现在明朝的东北地区。

金国是1636年才出现的大清国的前身，大清国的首任皇帝皇太极是金国首任大汗努尔哈赤的第八子,这显示了金国与大清国之间的继承关系。那么,皇太极为什么要改"金"为"大清"呢?这还得从金国的创建说起。

金国的创建,可以溯源到 1583 年。当时,属于大明疆域的东北地区,主要的非汉民族是女真,女真分为建州、海西、东海(野人)三大部,各部中又部落林立,"皆称王争长,互相战杀,甚且骨肉相残,强凌弱,众暴寡"(《满洲实录》),一片混乱。努尔哈赤就出身在建州女真一个小部落酋长的家庭。1583 年五月,面临着祖父叫场与父亲他失被另外一位建州女真城主尼堪外兰引导的明军误杀、部众叛离的严峻形势,年方二十五岁的努尔哈赤以祖父与父亲留下的十三副铠甲,武装跟随自己的三十位勇士,走上了攻打仇人尼堪外兰、建立金国之路。

这里有个细节值得一说,那就是明、清两朝的创业大帝,努尔哈赤起兵的年龄与朱元璋从军的年龄都是二十五岁,而起兵与从军之前的经历,两人也很相似。朱元璋做过三四年的云游和尚,云游化缘,山栖野宿,既使朱元璋备尝艰辛,也锻炼了他深沉机警的性格。在这期间,他走遍了淮西、豫南,熟悉了当地的山川地形,这对他以后带兵打仗极有好处;在这期间,他加入了白莲教,这奠定了他以后成功的基础。幼年的努尔哈赤遭遇了丧母之痛,因为不堪忍受继母的虐待,他十岁就离开了家庭,在外闯荡生活。他挖过人参,运过山货,翻山越岭,餐风露宿,早年的艰辛,将他磨练成一个身材魁梧、意志坚强、奋勇争先的少年;而与汉人的大量接触,使他成了喜欢《三国》与《水浒》、见多识广、通晓谋略的不一般的女真人。孟子所谓"天将降大任于是人也,必先苦其心志,劳其筋骨,饿其体肤,空乏其身"(《孟子·告子下》),看看朱元璋与努尔哈赤的早年经历,正是如此。

努尔哈赤不愧为创造奇迹的一世英主。在东北的白山黑水之间,他临大敌而不惧,受重创而不馁,以勇悍立威,受部众拥戴,建八旗制度,不知几经鏖战与几番联合,历时三十多年,竟然完成了几百年来未曾实现的统一女真各部的伟大事业,成为全女真的英主,跃居"英明汗"的宝座,独立建国,国号为"金"。

努尔哈赤以"金"为国号,显然是因地制宜,追怀传统,自比女真族的先世伟人阿骨打。早在五百年前的1115年,统领女真族的完颜部酋长阿骨打就建立了金国。阿骨打的金国号,来源于今松花江的支流阿什河。阿什河盛产砂金,在女真语中,"阿什"的意思就是"金",而且"金不变不坏"(《金史·太祖本纪》),寓意传之久远。金国于1125年灭辽,1127年灭北宋,立国一百二十年,成就了女真族前所未有的一番伟业。努尔哈赤的金国,正是完颜阿骨打金国的复兴。当然,努尔哈赤在这时重新启用金国号,对内对外的现实意义也是十分明显的:对内,"金"是女真族政治与民族共同体的鲜明标帜,足以团结与安抚被征服的女真各部;对外,重新启用的"金"国号,则向大明宣示了努尔哈赤振兴祖业、独立建国的追求与目标。

以对外的这种追求与目标为出发点,1618年四月,努尔哈赤以所谓的"七大恨"誓天,发动了对明战争,要把明朝的势力驱逐出东北,并逐步赢得了战争的主动权,疆土也大大扩展。1625年,努尔哈赤迁都沈阳。当时,明朝的军队把出山海关作战视为畏途,说出关一步是鬼乡,入关一步是乐园。当此形势,大明辽东经略高第下令放弃山海关外各城,只有袁崇焕拒不从命,独守宁远孤城不撤。1626年正月,努尔哈赤在宁远城下中炮负伤,这也是他用兵四十余年来仅有的大惨败。八月,努尔哈赤逝世,享年六十八岁。九月,经过一番明争暗斗,努尔哈赤第八子、三十五岁的皇太极登上金国汗位,汉译的汗号是"天聪汗"。

天聪汗皇太极雄才大略,力求开创崭新的局面。经过十年的努力,金国面貌一新。1635年,皇太极新定族名为"满洲",废除了"女真"旧称。1636年四月,于盛京(今辽宁沈阳市),在满、汉、蒙文臣武将"至再至三"的"合辞劝进"下,皇太极祭告天地,举行登极大典,接受了"宽温仁圣皇帝"尊号,"建国号曰大清"(《清太宗实录·天聪十年》),并首定年号为"崇德"。强大的大清国皇帝,正式与大明国皇帝分庭抗礼了。

天聪汗的"大清"

皇太极"建国号曰大清",也就意味着废除了他父亲努尔哈赤的"金"国号。这是为什么呢?我们可以从两个方面来理解这个问题。

首先,着眼于未来,是皇太极为了实现他更大的抱负。

皇太极时期的金国,已是一个多民族国家,女真、蒙古、汉则是其中的三大民族,只以象征女真复兴的金作为国号,民族意义显得太狭隘了。再者,皇太极时期的金国,最大的威胁来自大明,大明同时也是皇太极施展最大抱负的对象。大明亿兆斯民,万里邦土,如果真有那么一天能够征服大明,取而代之,那该是何等的奇勋伟业啊!而这样的奇勋伟业,仅有半壁河山的五百年前的金国，是无法与之比拟的。

其次，着眼于现实，是皇太极为了淡化汉人的历史记忆，甚至消弭汉人的反感情绪。

为了对抗、战胜甚至取代明朝，皇太极必须赢得尽量多的汉人的支持，至少争取他们抱持观望的态度，而在这样的现实需要面前，"金"国号无疑是个障碍。对于"金"国号，汉人太熟悉了。北宋是被金国灭亡的，宋徽宗、宋钦宗是被金国俘虏的，东京开封府大批的宗室后妃、官吏工匠、金银财宝、书籍仪器是被金国掳掠北归的，这事发生在北宋靖康年间，即1126年底到1127年初，史称"靖康之耻"，这是汉人旷古罕有、衔怨极深的奇耻大辱。麻烦的是，明朝也有这样的奇耻大辱。我们知道，明朝的主要外患是"北虏"与"南倭"。"南倭"指东南沿海的倭寇，"北虏"指北方草原的元朝残余势力。那绵延万里的明长城，就是明朝为了抵御蒙古的侵扰而修建的。1449年，蒙古入侵，大明英宗皇帝朱祁镇率领五十万大军亲征，在今河北怀来县东的土木堡一战，明朝将士死伤数十万，英宗皇帝被俘，这在历史上称为"土木之变"。"土木之变"以后，明人的民族本位意识空前高涨，历史记忆极度敏感。如依据今人的考证，宋人岳飞"靖康耻，犹未雪。臣子恨，何时灭"的《满江红》词，就是明朝的汉人假借岳飞的名义填写的，以寄托复仇之情。而在这样的形势下，"靖康之耻"的造祸者"金"，便为汉人所深恶痛绝了；现在你努尔哈赤、皇太极又以金为国号，这对于大明臣民的刺激，对于归顺金国的汉人心理的压迫，就是可想而知的了。

一方面是金国大汗皇太极要实现更大的抱负，要取代大明；另一方面是大明的君臣百姓深恶痛绝"女真"这个族名、"金"这个国号。审时度势,皇太极终于做出了改"女真"为"满洲"、改"金"为"大清"的行动。

问题又来了,这大清国号是什么意思呢?

大清国号的取义,当时以及稍后的明、清文献中,都没有任何说明。这样,我们就只能立足于传统文化、思想观念,进行合理的推测。而推测下来的结果,在皇太极当时所统治的满、汉、蒙三个主要民族那里,大清国号都有依据。

首先,从满族方面看,不一定非要用"金"字。1631 年,皇太极在和大明锦州守将祖大寿"套磁"的书信中就说:"我兵至北京,淳淳致书,欲图和好。尔国君臣惟以宋朝故事为鉴,亦无一言复我。尔明主非宋之苗裔,朕亦非金之子孙,彼一时也,此一时也。"(王先谦《东华录·天聪五年》)的确,由于时代久远,聚散合分,努尔哈赤、皇太极所属的建州女真,到底和五百年前的女真族完颜部有无瓜葛,或有什么样的瓜葛,根本无法说清。而皇太极改用与"金"字音近的"清"为国号,既缓和了汉民族对金怀有的反感情绪,也一定程度上照顾了本民族的自尊心,有利于其事业的发展,所以应该能为满洲的上下人等所接受。

其次,从汉族方面看,正如李洵、薛虹两位学者主编的《清代全史》中的讨论:"'金'的音近汉字中,只有'清'字的字义作为国号比较适宜,而且这个'清'字,中国历史的朝代中还没有人用过,不论用五行相克学说,还是其他解释,也都能找出根据。"那么,具体能找出哪些方面的根据呢?

第一,五行方面。这也是最容易看出的。"明"属火,明朝的国姓"朱"是红色的意思,也属火;而"清"、"满洲"三个字都带水,这符合五行相克说中的水克火,寄寓了清灭明的吉祥之兆。至于原来的"金"国号,以五行论,犯了火克金也就是大明克金的忌讳,皇太极放弃"金"国号,这可能也是一个原因。

第二,方位方面。高宗弘历在《钦定满洲源流考》中有诗云:"天造皇清,发祥大东。""皇清"就是"大清",《说文解字》:"皇,大也。"大清发祥、壮大于东方,五色配五方,东方色青,《释名·释言语》:"清,青也。去浊远秽,色如青也。""东"又是东、西、南、北或者东、南、西、北四方之首。这样,东方的大清是可以压过南方的大明的。

第三,字义方面。由"天造皇清"一句引申,"天"与"清"之间也有关联。汉语常见词中有指天体的"清妙",指天河的"清汉",指天帝所居宫阙的"清都"等等;努尔哈赤与皇太极的汗号中,也有天字,如"天授"、"天命"、"天聪",这颇类似汉族的王者"受命于天"。而"明"字分开为日、月,但毕竟日、月在天,天包容了日、月。也就是说,代表了天的"清",能够涵盖带有日、月的"明"。这样,"大清"又压过了"大明"。

第四,政治方面。就为政而言,"清"可以表示王者的风范、王政的理想。"清时"即太平盛世,"清晏"即清静安宁,"永清四海"即天下永远安宁。又有"清明"一词,本是先秦以来的一个固定搭配,如《礼记·乐记》说:"清明象天,广大象地,终始象四时。"二十四节气之一的"清明",也是"清"在"明"前、"清"居"明"上。反之,"明"在"清"前、"明"居"清"上的"明清"一词,在皇太极建国号为"大清"之前,并不见于文献。

依据以上所作的推测,我们可以断言:在汉文化语境中,皇太极所以定国号为"大清",在于"大清"的气势、含义压住了"大明"。其实还不仅如此,皇太极的年号"崇德",也就是崇尚道德,同样压过了大明朱由检的"崇祯"即崇尚祯祥。而比较当时大清与大明的这两位皇帝,皇太极雍容大度,拥有卓越的军事才能与政治手段,广泛招揽人才;朱由检刚愎多疑,猜忌心极重,甚至自毁长城,杀了独当一面的大将袁崇焕,孰优孰劣,谁会成为最后的胜利者,已经不难判断。

再次,从蒙古族方面看,也会赞成皇太极改金为大清。

第一,避免彼此的尴尬。女真、蒙古本来是友好民族,双方久通婚姻。努尔哈赤时,纳蒙古科尔沁部女为妃;其子代善、莽古尔泰、德格类等,也都娶蒙古札鲁特部女。皇太极也曾娶蒙古后妃数人。喇嘛教也就是藏传佛教,还是蒙古、女真共同的宗教信仰。然而,1234 年,女真完颜金国是灭于蒙古与南宋联军的,这样的历史记忆,既使得皇太极不愿再用"金"国号以取辱于蒙古,又使得已经归服皇太极的蒙古王公感到难堪。在女真与蒙古的关系中,"金"、"女真"由此成为不适宜的国号与族称,"大清"、"满洲"则不存在这样的问题,可以避免彼此的尴尬。

第二,取得双方的共赢。就国号的含义看,满洲的"大清"与蒙古的"大元"是相当接近的,可以说存在着亲缘关系。1933 年,朱希祖先生指出:"自元入主中原,始以抽象之名词为建国之名号。……清太宗之称'清',实为有意识之摹仿,盖彼欲师蒙古之统一中国,而泯灭外族并吞之色彩也。"(《后金国汗姓氏考》)这"泯灭外族并吞之色彩"的大清国号,蒙古王公是能够接受的;而且,"元"作为天德的主宰,"元"有王政善良的美义,"元"来源于"大哉乾元","元"象征着"天行健,君子以自强不息",竟然都与"清"为天、为太平、为广大等等的意思吻合无间。这样,蒙古王公对于"大清"这个国号，甚至还会产生相当的好感。

总之，1636年皇太极改"金"为"大清"，可以说是各种内、外因素共同作用的结果。就主要的内部因素说，"金"国号已经不足以规划其未来的发展，更不利于安抚其已统辖的汉、蒙等民族；就关键的外部因素说，"大清"国号符合"大元"、"大明"取号的传统，气势、含义更压住、胜过了"大明"。所以，皇太极由金国的天聪汗，变成大清国的宽温仁圣皇帝，绝不仅仅是简单的名号改易，而是借鉴历史、取典文化、服务现实、作用未来的创举。这个创举，堪称是皇太极在与大明对抗中，化被动为主动、化劣势为优势的关键一招。这关键的一招，既说明了国号、族称以及年号等名号，可以成为现实斗争的有力武器，在更加紧迫的现实需要面前，民族的传统可以放弃，历史的记忆也可以故意淡化，又显示了皇太极及其身边的满、汉、蒙大臣们心思的细密、考虑的周到以及雄图的远大。

雄图远大的皇太极，1643年八月突发中风去世，享年五十二岁。"太宗文皇帝"皇太极的功业，与"太祖高皇帝"努尔哈赤是可以相提并论的。当然，皇太极也有着遗憾，毕竟在他的有生之年，他梦寐以求的入关征战、入主中原、取代大明，似乎还是距离现实比较遥远的理想。然而，皇太极不会想到的是，在他去世仅仅八个多月以后，借着李自成农民军攻破大明京师的东风，借着镇守山海关的明朝大将吴三桂"冲冠一怒为红颜"的怒气，1644年五月二日，他的同父异母弟弟多尔衮，便率领着由满、汉、蒙三方组成的大清军队，顺利地开进了大明首都北京，从而拉开了清朝入主中原、争夺天下的大幕。到了十月一日，他六岁的九子福临，便在北京举行了隆重的定鼎登极大典。又过了将近二十年，"大清"就灭弘光、败大顺、克隆武、亡绍武、败大西、走永历、灭定武、降台湾,统一了天下,"大清"也名副其实地成了取代"大明"的天下共号。

"大清"这一天下共号,行用到了皇太极的第九代孙溥仪,寿终正寝:宣统三年十二月二十五日,也就是 1912 年 2 月 12 日,六岁的大清小皇帝溥仪下诏退位,大清退出了历史舞台。而在此前的 1912 年 1 月 1 日,在大明的故都南京,一代伟人孙文宣誓就任临时大总统职,定国号为"中华民国"。于是中国的历史,跨入了一个全新的时代,中国的国号史,也由悠久的"帝"国时代,跨入了崭新的"民"国时代。

总结与引申

开创"民"国时代的"中华民国"国号,仅从形式上看就不同于夏、商、周、大元、大明、大清这些"帝"国时代的国号。那么,这形式出新、意义非凡的"中华民国"国号,又是怎么得来的呢? 记得我们在第一讲的开篇,就讨论过少为人知的"中华人民共和国"国号的产生过程;而同样少为人知的是,中华民国国号的产生过程,也有扑朔迷离的地方。

1936 年 10 月,鲁迅先生在临终前写了一篇《关于太炎先生二三事》的文章。文中说到:"至于今,惟我们的'中华民国'之称,尚系发源于先生的《中华民国解》(最先亦见《民报》),为巨大的纪念而已,然而知道这一重公案者,恐怕也已经不多了。"这段话的意思非常明白,即中华民国国号首创于章太炎 1907 年 7 月 5 日发表于《民报》第 15 号的《中华民国解》。然而所谓的"公案"又是怎么回事呢? 1923 年 10 月,孙文《在广州全国青年联合会的演说》中说到："中华民国这个名词，是兄弟从前创称的。"如此，中华民国国号的创称者，到底是章太炎还是孙文？就成了大麻烦，因为这里涉及到的章太炎、孙文、鲁迅，都是何等重要的伟人啊！就这个问题，我曾经专门撰文《中华民国国号略说》进行考证，得出的结论是：中华民国国号的提出者是孙文，章太炎的《中华民国解》则对中华民国国号进行了解释与分析。换言之，中华民国国号的"创称"者是孙文；具有重要的宣传、光大之功，意在从学术上奠定新国家的历史、地理、民族与文化根据者，则是章太炎。然而有趣的是，对于"这一重公案"，竟连当时之人鲁迅，也都不甚清楚基本的史实。

　　晚近的中华民国、中华人民共和国国号的产生过程，尚且如此扑朔迷离，那又谈何历史文献记载缺乏、距离今天更为古远的中国帝制时代的统一王朝国号呢？然则，穿越时空的阻隔，换位思考，或者就置身于那过去的时代，我们仍能追寻这些统一王朝国号的确立过程，探索这些国号的来源取义。毕竟，国号就如同人名一样，总体而言，还是时代的镜象。东汉的《白虎通德论·号》中说："王者受命，必立天下之美号以表功"，"百王同天下，无以相别，改制天下之大礼号，以自别于前，所以表著己之功业也"。"表功"、"表著己之功业"，正是我们推究国号的途径。换言之，由时代的意识去反推国号的成立与取义，在学理上应该是圆融、成立的。当然，这反推出来的"东西"，我们只能力求接近"真实"，而无法成为"定论"。

　　总结一下我们讨论过的十四个中国"帝"国时代的统一王朝国号，我们得出了如下接近"真实"但非"定论"的看法：夏为蝉，商为凤，周为重农特征,秦为养马立国,汉为天地对应,新为复古改制,晋为巍峨高大,隋为扭转短促的宿命,唐为道德至大的面貌,武曌的周为攀附三代之周,宋为"天地阴阳人事际会",大元为"大哉乾元",大明为"明王出世",大清为胜过大明,而这些基本属于"美号"的国号,既与君主的统治息息相关,也照应了当时民众的心理需求,并进而使相应的政权蒙上了浓重的顺天应人的色彩。至于中华民国、中华人民共和国国号,则书写出国号历史的新篇章,即既区别于以往四千多年里天下社稷一家一姓的国号,又表明了国家的主权属于中国各民族,属于中华民族,这种意义,更是"美"之大矣!所以,如果让我们精选一个字概括古往今来中国国号的特点,那这个字就是"美"。

当然,除了国号外,"上下五千年,纵横一万里"的中国,还有许多的名号与称谓,这就好像人有名、有字、有号一样。如果我们把中国历代统一王朝国号比作中国的"名",那么,中国古今名号就是中国的"字",而域外有关中国的称谓就是中国的"号"。

中国古今名号众多。我们熟悉的名号有华夏、中国、中华,比较熟悉的名号有四海、九州、赤县神州,至于历史上曾经用过的诸夏、诸华、禹迹、齐州、冀州、东土、东国等等几十个名号,现在就很少为人所知了。而追寻这些名号的由来,它们或与民族相关,或与文化有缘,或联系着历史传说,或根源于地理观念。如果我们还以一个字来概括这些名号的特点,那这个字就是"伟"。

域外有关中国的称谓也是非常繁杂。其中影响最大、使用最广者,有四个系列,即源于秦王国国号的支那(China),源于神秘精美丝绸的赛里斯（Serice），源于最高统治者称号大汗的桃花石（Taugas），源于民族的契丹（Cathay）；当然，还有源于国号、名号，但更与文化有关的汉、唐、中国、中华。如果我们再以一个字概括这些称谓的特点，那这个字就是"妙"。

美哉国号！伟哉名号！妙哉称谓！这就是我们讨论"中国"古今国号、名号以及域外有关中国称谓之来源与含义所能获得的最直接、也最强烈的感受。而我们讨论的十四个中国统一王朝的国号，又可谓从独特的角度，生动反映了中国文化中讲究名称字号的传统，淋漓尽现了方块汉字的魅力，形象展示了发人深省的中国历史的治乱兴衰……

后记

这篇简而言之的"后记",交代四点。

其一,缘起。先是收到《百家讲坛》邀约讲座的电邮,考虑到"我讲课甚至讲座往往胡言无忌,没有正经,而且还有些'桐普'——安徽桐城普通话,恐怕难敷所望",所以真诚感谢中,也真诚推辞了。过了颇长一段时间,李伟宏编导再次电话邀约。为了避免给人留下"不识抬举"的印象,这次我愉快地答应了。至于具体讲题,经过几番商讨,最后确定为"中国历史上的统一王朝国号"。于是就有了"胡阿祥说国号"的电视讲座,以及在讲稿基础上充实与润色而成的这册小书。

其二,基础。大概缘起"胡"字的多解与"阿祥"的大俗也就是大雅的感觉,长久以来,我于地名、人名的来源取义,既兴趣浓厚,于包罗万象、复杂奥秘的名称学,也有所钻研。在这样的名称情结中,各地的道路、景点、楼盘名称,我命名了大概近千条,为朋友以及朋友的孩子取名、改名,应该也不下百例,而拉拉杂杂的"说名解号"的随笔札记、长短文章、大小册子,同样发表与出版了不少。其中,《伟哉斯名——"中国"古今称谓研究》(湖北教育出版社 2000 年版)、《中国:自称与他称》(胡箫白编著,胡阿祥审定,书稿)两书,构成我敢于、也乐于"揭秘十四个统一王朝国号"的基础。至于不可不谈的统一王朝的地位或特征,顺带可谈的"解析五千年中华历史变迁",其学术的基础,就在我半个甲子的史学积累、知天命之龄的人生感悟,以及书中括注或未能括注(如上海文艺出版社的多卷本《话说中国》)的历史文献与近今论著了。

其三,说明。《百家讲坛》的平台与学者个人的体悟,如何交融结合甚至相得益彰,我不怎么有感觉,也就不怎么明白到底该讲什么、不该讲什么。既然如此,我就由着我所理解的史实、逻辑、学理去讲,每讲且在远远超时的六十分钟上下,以便留出较大的空间,给"老于此道"的诸位电视编导们剪裁。而这样的工作流程导致的结果是,本人自说自话,编导辛辛苦苦,讲坛播出的内容与这册小书的内容也会有些差异。讲坛添加了编导们的精彩串联与形象再现,书中则多出了大概 40% 不见于讲坛的文字。或许这就是讲坛与书籍的相得益彰?

其四,感谢。若无李伟宏女士的真诚邀约、严格而又不失"理解的同情"的要求,以及内人牛勇每次及时的督促写稿,就不会有这十五次的系列讲座;从讲稿到书稿的过渡,则颇得益于中华书局于涛兄的诸多建议;而这自以为不乏见解的小书能够问世,当然离不开中华书局陈虎先生的垂青与编辑。还有需要特别感谢的是,王子今先生、吕宗力先生主持的兰陵美酒之"决战巅峰"酒局,吴家鑫、张琪夫妇美酒佳肴的多次款待,李伟宏、马晓燕两位编导安排的情调晚餐,都丰富了我在京城的回忆。而坐惯了大学讲台的我,能在中央电视台《百家讲坛》上保持些信心,与我每次面对的现场老、中、青听众朋友们那肯定的眼光与热心的鼓励,也是分不开的!

胡阿祥

二〇一二年八月一日

南京龙江三栖四喜斋